戦争はすべてを奪っていく

ウクライナ戦争と子どもたちの平和

村山士郎・金田一清子・西條昭男［編著］

新日本出版社

はじめに

２０２３年２月、ロシアのウクライナ侵略開始以来、１年３カ月が過ぎた。ウクライナの街や住宅が破壊され、そこに住む人たちの命が奪われ、国連難民高等弁務官によれば、国外への避難は８０７万人に達している。住宅や電気や水道などライフラインの破壊によって日常生活はズタズタに破壊されている。美しく豊かなウクライナの国土は、砲弾で荒らされ、焦土と化している。本書でウクライナ戦争と呼んでいるのは、正確には、ロシアによるウクライナへの侵略戦争の意味である。

世界中のテレビ・報道機関では、毎日のようにロシア軍のウクライナへの爆撃を報じている。世界中の子どもたちは、人間の命がごみくずのように粗末にうばわれ、その死体がそのまま放置されている映像を目にしている。日常の生活が破壊され、地下や避難所でかろうじて生きている市民・子どもたちの様子を目にしている。国外に避難する長蛇の家族の列、不安そうな子どもたち。こうした映像を世界の、そして日本の子どもたちは毎日目にしているのだ。

戦争の惨劇を毎日のように目にしている子どもたちの内面に、その映像はどのような影響を与えているのだろうか。戦争の惨劇の映像は、子どもにとっては恐怖体験として刻まれているだろう。ウクライナでは悲惨な戦争が起こっているが、「日本は平和でよかったね」ではすまされない。路上や原野に死体が転がっている場面の映像は、子どもにとっては「恐怖体験」「負の体験」として刻まれる。だが、大人たちは、子どもたちにどのような影響を与えるかには無頓着である。お茶の間でみた「恐怖体験」が眠りにつこうとする子どもたちにフラッシュバックしていることはない、とだれが断言できるだろうか。

ウクライナ戦争は、世界中の、そして、日本の子どもたちにとって「恐怖体験」「負の体験」となっているのだ。防衛本能を発揮して何も感じないようにして身を守っている子どもたちも増えているのではないだろうか。日本の子どもたちにとってウクライナ戦争は他国の出来事ではないのだ。

それでも、子どもたちは平和をねがっている。子どもたちにとって平和とはなんだろう。本書には、子どもたちが書いた平和をねがう作品をたくさん入れることができた。それは、どこかで聞いたような概念的な平和ではなく、自分の生活の中で感じ取った平和である。

ロシアが一方的にしかけたウクライナ戦争の終結は見えない。ロシアがいかなる理由をつけようとも、ウクライナに一方的に軍事侵略したことは事実であり、その侵略を糾弾し、戦争の即刻停止を求めていかなければならない。しかし、ロシアは一層強硬に軍事侵攻を進めようとしている。アメリカやNATO諸国、そして日本からも戦争終結への和平提案はみえず、ウクライナ支援・国際紛争の解決は、武器援助（戦争）によって決着をつける方向に進んでいる。この5月には両国軍の激突が報じられている。

ウクライナに大量の武器を供与しているアメリカやＮＡＴＯ諸国は、世界の平和の守り手であるかのように振る舞っているがそうだろうか。たとえば、核兵器禁止条約（２０１７年国連総会で採択、２０２０年50カ国の批准で発効。現在68カ国が批准）に、アメリカ、ＮＡＴＯ加盟国で批准した国は一つもなく、締約国会議にドイツ・オランダ・ノルウェーがようやくオブザーバー参加しているだけである。アメリカ等は核兵器の独占的保有を背景に世界の「平和」的均衡を図ろうとするものである。残念ながら、日本政府も核兵器禁止条約の批准には否定的である。オブザーバーにも参加していない。

それにしても日本では「ロシアがウクライナ領土から即時、完全かつ無条件に全軍を撤退させよ」（国連決議より）「ロシアはいますぐウクライナから手を引け！」の声が高まっているとはいえない。

１９６０年代のベトナム反戦の高まりが思い出される。ベトナム反戦は世界中の波になっていた。私が住んでいる相模原市では、アメリカの軍事基地・相模総合補給廠でのアメリカのベトナム戦争で破損した戦車の修理の積み出しを阻止しようと、日本中から人々があつまり、抗議した。

２０１５年、日本の国会で日本を集団的自衛権を行使できる国に変える安全保障関連法案が強行採決されようとしたとき、連日、国会をとりまく大抗議運動が起きたことも思い起こされる。多くの市民と共に学生有志「シールズ」、お母さんたちのあつまり、旗をかかげて参加した創価学会の有志たち、身動きができないほどあつまった集会参加者の波。

２０２３年、日本のウクライナ戦争反対運動の静けさはどうしたことだろう。

私たち著者３人は、長年、教育の仕事にたずさわり、子どもたちの健やかな成長とそのための平和を願ってきた。日本の子どもたちがウクライナ戦争をどのように感じ、見ているかを拾い集め、子どもたちの願いを読んでもらいたいと考えた。学校では、ウクライナ戦争をかつての日本の戦争と結びつけて学んでいる子どもたちがいることを知ってもらいたい。ロシア大使館に抗議の手紙を書いている子どもたちがいることを知ってもらいたい。そして、子どもたちが願っている平和とはどのようなものかを知ってもらいたい。

かれらは、すでに平和のための行動をはじめている。『戦争はやめて！——私たちの平和宣言（案）』に示された子どもたちの純粋な正義の声に耳を傾けてみよう。

村山士郎

もくじ／戦争はすべてを奪っていく——ウクライナ戦争と子どもたちの平和

はじめに　村山士郎　3

第Ⅰ章　ウクライナ戦争下の子どもたちの危機　村山士郎　9

第Ⅱ章　子どもたちが見たウクライナ戦争
——ウクライナ戦争を日本の侵略戦争と重ねて学ぶ　村山士郎　29

第Ⅲ章　生活の現実に向き合い、心の安心と平和を育てあう　金田一清子　66
第Ⅳ章　ぼくも、わたしも、平和な社会で生きたい　西條昭男　94
終　章　戦争はやめて！——私たちの平和宣言（案）　村山士郎　145
あとがき　村山士郎　172

第Ⅰ章　ウクライナ戦争下の子どもたちの危機

村山士郎

1　戦争が勃発した

２０２２年２月24日、ロシア・プーチン大統領は、ウクライナへの軍事侵攻を開始した。突然のロシア軍の侵攻に、多くのウクライナ市民の命がうばわれ、日常生活はズタズタに破壊されている。日本のテレビでは、毎日のようにロシア軍のウクライナへの爆撃を報じている。日本の子どもたちは、人間の命がごみくずのように粗末にうばわれ、日常の生活が破壊され、地下や避難所でかろうじて生きている様子を目にしている。子どもたちは、国外に避難する長蛇の家族の列、不安そうな子どもたちを見て、何を感じているのだろう。

オリガ・グレベンニクは、『戦争日記』のなかで、ロシア軍の侵攻に動転する市民の様子を伝えている。オリガさんは、妻であり、画家であり、作家だ。そして、二人の子ども、９歳の息子フョードルと4歳の娘ヴェーラの母親である。
「二月二十四日明け方五時、わたしは爆音で目が覚めた。最初は花火の音かと思ったのだが、実際は四方から爆撃を受けていた。何が起きているのかもはっきりとは分からないまま、わたしは無我夢中でパスポートと荷物をまとめた。」「夜が明けると、わたしたちはすぐに地下室に下りた。そこにはすでに隣人たちがいた。」
彼女の日記である。

日記（日付なし）
わたしたちは皆、地下室にいる。
爆撃音が聞こえるたびに、その回数を数え、どこが襲われたのかをニュースで確認する。
次はどこが爆撃されるのか、
状況を見守ることしかできない……。

日記（日付なし）
すべてのハリコフ（ハルキウ）市民は、地下室に閉じこもり私たちの街が破壊されていく様子を携帯電話で見ている。わたしたちが何年もかけて築き上げてきた街だ。

公園、動物園、家、そして道。

もう何も残らないだろう……。

日記（日付なし）

戦争が始まった日、うちの子どもたちの腕にも名前と生年月日、そしてわたしの電話番号を書いた。

子どもたちだけでなく、自分の腕にも書いた。

万が一、死んでしまっても身元が分かるように。

恐ろしいことではあるが、そう思って事前に書きとめておいた。

日記（日付なし）
地下室での昼食
まだ肉が残っている！
子どもたちにはチョコレートを一日一つ、もしくは半分ずつあげている。
もしもの場合に備えてチョコレートを三つ、非常食として取っておいた。
どうか、これに手を出す前に、すべてが終わってくれますように。

オリガさん一家は、戦争勃発から9日目に街を離れる決心をしている。国境の町で夫とわかれて、ポーランドをへて、今はブルガリアに避難している。ハルキウには動物園もあった。そこの動物たちはどうしたのだろう。だれかが世話を続けているのだろうか。

(オリガ・グレベンニク著、奈倉有里監修、渡辺麻土香訳、チョン・ソウン訳『戦争日記　鉛筆1本で描いたウクライナのある家族の日々』河出書房新社、2022年)

3月2日、国連総会(193カ国)は、141カ国の賛成で「ロシア非難決議」を採択した。決議は、国連憲章(「主権の尊重」「領土の保全」「武力行使の禁止」など)にもとづき、「ロシアの侵攻に最も強い言葉で遺憾の意を表明」し、「即時完全無条件撤退」を要求した。

国連の調べでは、3月15日、ウクライナから国外に逃れた難民は人口の7%、300万人を超えた。5月、ウクライナに取材に入った真野森作《まのしんさく》記者が見たものは、破壊されたウクライナの街であった。「大破した住宅、穴だらけの乗用車、なぎ倒された街路樹、ずらりと並ぶ真新しい墓、静まり返った街、花壇の真っ赤なチューリップ――。青空の下にまだらに破壊された日常がさらけ出されている。大嵐でも津波でもなく、人間の手によって作り出された状況だ。前線では砲弾と銃弾が飛び交い、爆音、黒煙、振動、悲鳴、涙、流血、死が飽くことなく日々生み出されている。戦闘が終わっても、占領地では屈辱的な思想の押しつけや弾圧、相互の憎しみが続く。」(真野森作著『ルポ　プーチンの破滅戦争――ロシアによるウクライナ侵略の記録』ちくま新書、2023年、7〜8頁)

オリガ・グレベンニクは、書いている。

「戦争に勝者はいない。そこにあるものは血、破壊、そしてわたしたちひとりひとりの心の中にできた大きな穴だけだ」（前掲書）

2　子どもたちの命・生活・学びが奪われている

ロシアによるウクライナ侵略戦争の勃発以降、ウクライナの子どもたちの日常は暗転した。ユニセフの報道を追ってみよう。

◆2022年6月　子どもの3分の2が国内外で避難生活

（前略）ウクライナの子どもたちの3分の2が避難を余儀なくされています。この数字は驚異的です。彼らは国内避難民となっているか、難民として国境を越えて避難しており、家や友人、おもちゃや大切な持ち物、そして家族と離れなければならず、将来への不安に直面しています。この不安定な状況は、子どもたちから未来を奪っています。トラウマや恐怖は、子どもたちの心身に長期的な影響を与える可能性があります。

国連人権高等弁務官事務所（OHCHR）の最新の数字によると、２７７人の子どもが死亡し、４５６人の子どもが負傷しています。その原因のほとんどは、建物が立ち並ぶ都市部での爆発物の使用によるものです。少なくとも２５６の保健・医療施設が攻撃を受け、ウクライナ東部ではユニセフが支援する「安全な学校（Safe School）」の6校に1校が損傷または破壊されています。また東部の少なくとも140万人が水道水を利用できておらず、安全な水の利用状況について懸念が高まっています。

（以下略）

（2022年6月14日　ニューヨーク発プレスリリース　出典：日本ユニセフ協会）

◆2022年8月　6カ月で子ども1000人が死傷　ユニセフ事務局長声明

ウクライナでの戦闘激化から6カ月が経過する中、国連は2月以降、ウクライナの約1000人の子どもたちが暴力によって死亡または負傷したことを確認しました。

明らかになったのは、以下の状況です。

・この6カ月の間、毎日平均およそ5人の子どもが死傷している。
・362人の子どもが死亡。うち女の子が149人、男の子が175人、性別不明の子どもが38人。
・負傷した子ども610人。（略）

国連が記録した民間人の死傷者の多くは、子どもを含め、人口密集地での空爆、ミサイル、重火器など、爆発性兵器の使用によるものです。被害を受けた子どもの中には、非常に重篤な怪我や精神的苦痛に苦しむ子どもが多くいます。視力、聴力、手足を失う場合もあり、またほとんどすべての子どもが、重要かつ持続的な心理社会的支援を必要としています。

爆発性兵器は、間接的にも子どもたちに深刻な被害を与えています。特に人口密集地では、水道管、電力インフラ、衛生施設、病院、学校などの重要な施設やインフラを破壊し、子どもたちに必要なサービスを断絶しています。（略）

一方、攻撃で子どもが殺されたり、身体的に傷つけられたりする恐ろしさに加えて、ウクライナのほぼすべての子どもが、深い苦しみを伴うできごとを目の当たりにしており、暴力から逃れてきた子どもたちは、家族の離散、暴力、虐待、性的搾取、人身売買などの大きな危険にさらされています。

（略）

ウクライナの教育システムは、国中で激化する戦闘行為によって壊滅的な打撃を受けています。学校が標的にされたり、紛争当事者に利用されたりした結果、家族が安心して子どもを学校に通わせることができなくなりました。私たちは、ウクライナの10校に1校が損傷または破壊されたと推定しています。（以下略）

（2022年8月22日　ニューヨーク発プレスリリース　出典：日本ユニセフ協会）

◆2022年12月　ほぼすべての子どもが厳冬下で危険に

ウクライナでは、重要なエネルギーインフラへの攻撃が続いているため、同国のほぼすべての700万人近くの子どもが電気、暖房、水を持続的に利用することができず、気温が下がり続け、冬が進む中でリスクが高まっている、とユニセフは本日警鐘を鳴らしました。

電気がなければ、子どもたちは、氷点下20度に届くこともある極寒にさらされるだけではなく、多くの学校が一部損壊または全壊している中で子どもたちの唯一の教育手段であるオンライン学習を続けることもできなくなります。

さらに、医療施設は極めて重要なサービスを提供できなくなるかもしれず、また水道システムが機能しないことから、ただでさえ極めて高い肺炎、季節性インフルエンザ、水系感染症、新型コロナウイルス感染症のリスクがさらに高まっています。

ユニセフ事務局長のキャサリン・ラッセルは、「何百万人もの子どもたちが、いつどのように救いの手が差し伸べられるかわからないまま、寒さと暗闇に震えて厳しい冬を迎えています。凍てつくような寒さがもたらす直接的な脅威だけではなく、子どもたちは学習手段や友人・家族とのつながりを奪われ、身体的・精神的な健康が絶望的なリスクにさらされているのです」と述べています。

（2022年12月14日　ニューヨーク／キーウ（ウクライナ）発プレスリリース　出典：日本ユニセフ協会）

◆2023年1月　ウクライナの子ども500万人が教育受けられず

ユニセフ支援呼びかけ　23年1月24日

国連児童基金（ユニセフ）は、1月24日「教育の国際デー」に声明を発表し、500万人のウクライナの子どもたちが教育を受けられていないと報告しました。ウクライナでは国内で数千規模の幼稚園や学校が破壊されたままになっており、オンライン授業で200万人、対面とオンラインの組み合わせで130万人が学んでいます。しかし、電力インフラの破壊で停電がひろがりオンラインでの授業が困難になっています。さらに、国外で難民になっている子どもの3分の2は地元の学校に入学・編入していないと推定されています。

ユニセフは、ウクライナの子どもたちが戦争によって教育機会が喪失していることへの支援・改善を世界に訴えている。（『しんぶん赤旗』２０２３年1月25日）

◆２０２３年2月　ウクライナ危機、戦い激化から間もなく1年　貧困の中で暮らす子ども、８割へと倍増　１５０万人の子どもがこころの病気の危険に

２０２２年2月24日にウクライナで戦いが激化してから間もなく1年が経とうとしており、子どもたちの世代は暴力、恐怖、喪失、悲劇の12カ月を過ごしている、とユニセフ（国連児童基金）は警鐘を鳴らしました。紛争は子どもたちの生活のあらゆる面に影響を及ぼしており、死傷した子どももいれば、家を追われ、教育も受けられず、安全で安心できる環境も否定された子どもたちもいます。

ユニセフ事務局長のキャサリン・ラッセルは、「ウクライナの子どもたちは、恐怖の1年を過ごしています。何百万人もの子どもたちが寒さと恐怖の中で眠りにつき、この残虐な戦争の終結を願いながら目覚めています。命を奪われ、傷を負った子どもたちがいます。多くの子どもたちが親や兄弟、家や学校、遊び場を失いました。そのような苦しみを背負う子どもが一人でもいてはならないのです」と述べています。

ウクライナの多くの家庭の収入を大幅に減らした経済危機が、戦争に端を発したエネルギー危機と

共に、子どもたちや家族の健やかな暮らしに壊滅的な打撃を与えています。ユニセフの最近の調査では、回答者の80％が経済状況の悪化を訴えています。ユニセフの分析では、貧困の中で暮らす子どもの割合が43％から82％へとほぼ倍増しています。特に、現在ウクライナ国内で避難生活を送っている590万人にとっては深刻な状況となっています。

戦争は、子どもたちのメンタルヘルスや健やかな生活にも壊滅的な影響を及ぼしています。推定150万人の子どもたちが、うつ病、不安障害、PTSD（心的外傷後ストレス障害）などのこころの病気の危険にさらされており、長期にわたる影響を及ぼす可能性があります。

（2023年2月21日　キーウ（ウクライナ）／ニューヨーク発プレスリリース　出典：日本ユニセフ協会）

◆残された人々の困窮と人道支援――丸山美和《まるやまみわ》のルポ――

ルポライター丸山美和の「リポート　ウクライナ侵略　難民の現場を歩く」（『しんぶん赤旗』2022年10月3日）は、現地の様子をありありと伝えている。

丸山は7人で、ウクライナ北東部のハリコフ州イジュームに支援物資500キロを2台の車に積んで人道支援に向かった。

「イジューム付近には約200家族が残っていた。9割以上が、逃げようとしても逃げられない高齢者ばかり。飢餓とたたかいながら知恵で命をつないでいた。ある老婦人は、森の中で食べられる野草やキノコを採取して料理をつくって、飢えをしのいでいた」

イジュームでは、ロシアの侵攻以来、ガソリンや電気、ガス、水道、すべてのライフラインが途絶えていた。テレビ、オーブン、冷蔵庫などの電化製品は、ロシア兵が盗んでいった。車で逃げようにも、一般人には到底手が届かない値段で、ガソリンは闇取引されていた。ロシア兵の恐ろしさはミサイルや地雷だけではない。略奪、レイプ、暴力、殺人とあらゆる残虐な行為を行っていった。

丸山は、12月11日のレポートで、冬になって、支援物資に発電機、暖房器具、電化製品を加えて、ウクライナに運んでいた。そのなかで、子どもたちの実態を報告している。

「難民避難所は小さな学生寮が使われ、東部や南部の激戦地から逃げてきた数百人の難民が肩を寄せ合い、生活していた。冷蔵庫がなく、洗濯機は脱水機能が壊れていた。孤児院では、キーウ（キエフ）から避難してきた約50人を含め、約70人の子どもが暮らしていた。

ミサイル警報の間、子どもたちは地下で寝なければならない。初めのうち、子どもたちは地下室に行くことをとても怖がった。幸いカウンセラーが常駐し、ゲーム形式で子どもたちに慣れさせたという。避難生活が長引き、子どももおとなも、忍耐が続いている。」（『しんぶん赤旗』２０２２年12月11日）

この冬、ウクライナの子どもたちの避難生活は、飢餓に直面している地域もでている。

テレビの報道や軍事解説者たちは、ウクライナ軍が優勢だ、いやロシア軍が押し返しているとか、詳しく解説している。双方の攻撃によって市民の生活が破壊され、恐怖を超えて、生命の危機が迫っていることは解説の外に置かれている。

そして、世界の首脳たちからは、「戦闘行為の即時停止！、そして和平の話し合いの開始！」、という声は聞かれない。

3　終わりの見えない戦争

——子どもたちの心に及ぼす暗い影　ウクライナの小学校——

緊急取材【報道特集】　ＴＢＳテレビ　２０２２年12月24日（土）

12月24日クリスマスイブ、ＴＢＳテレビ「報道特集」は、ウクライナの子どもの「今」を現地から特集した。

ロシアの侵攻から10カ月。ウクライナでは極寒の今も停電が続き人々は過酷な生活を強いられている。長引く戦争は、子どもたちの心にも暗い影を落としていた。空襲警報が出されるたびに地下のシェルターに避難を強いられる小学生たち。その一日に、報道特集の村瀬健介キャスター（以下村瀬）が密着した。

◆戦時下で変わった子どもたちの日常

長引く戦争は、子どもたちの日常を大きく変えた。キーウ市内にあり、幼稚園を併設する「シャイヴォ小学校」を訪ねた。

村瀬「今、学校の中に入ってきましたが、今停電中ということで、廊下の電気も全くついていません」

キーウ市内の学校は、9月に対面授業を再開した。しかし、夜間の数時間しか電気は供給されず、日中は停電が続いている。そのため暖房器具も使えないという。

村瀬「こちらが2年生の教室だということです」

生徒「おはようございます」

先生「どうぞ、ご挨拶してください。日本からお客様が来ましたよ」

生徒「こんにちは」

この学校には300人の生徒が在籍しているが、自宅でリモート授業を受ける子も多く、登校するのは半数程度。戦闘の激しい地域から避難してきた子どもや、父親が兵士となり家にいない子も少なくないという。

村瀬「学校は好き?」

ワレリア（7歳）「友達がいるし、優しい先生もいるし、勉強が好きです」

ワレリアちゃんの父親も戦地にいる。その父親から連絡があり、もうすぐキーウから避難するという。

ワレリア「ママと一緒に他の国に行きます。戦争に行っているパパが、『お正月とクリスマスには状況が悪くなるので外国に行きなさい』とママに言いました」

村瀬「どこに行くの？」

ワレリア「ラトビアへ行きます」

村瀬「パパが戻ったら最初に何がしたい？」

ワレリア「一緒にいたいし、ハグしたいし、公園に散歩に行きたい」

◆「必ず我が国のシンボルを描く」子どもたちの絵にも戦争が……

4年生のクラスに行くと、子どもたちが授業で描いた絵を見せてくれた。

村瀬「何を描いたの？」

サーシャ（9歳）「ブチャ（*）にある壊された家を描きました」

村瀬「なぜブチャを描いたの？」

サーシャ「ブチャを占領した人たちが、家を壊したからです」
村瀬「警報が聞こえると怖い？」
サーシャ「恐いです」
村瀬「そのときどんなことを考えるの？」
サーシャ「ミサイルが来ても、撃ち落とせるって」

アリサ（9歳）さんは、暗がりに灯《とも》るろうそくの明かりを描いた。

アリサ「戦争中でも、暗くても、明るいことがあるということを描きたかったんです」
村瀬「今一番の望みは？」
アリサ「平和になって、普通の生活に戻りたいです」

男の子の1人は、自宅の上をミサイルが飛ぶ絵を描いていた。戦争が始まってから、子どもの絵は大きく変化したと学校の心理カウンセラーは話す。
心理カウンセラー、マリナ・ダビデンコさんは語っている。
ダビデンコ「戦争前はカラフルで、テーマも様々でした。自然や周りの世界を描き、子どもたちはオープンで無邪気でした。これが直近の作品です……」
村瀬「これは兵士？」
ダビデンコ「はい、ウクライナの兵士です。そしてどの絵にも必ず黄色と青のシンボルがあります。自由なテーマで景色を描いたとしても、必ず我が国のシンボルを描いているんです」
ストレスを感じていても、心のうちを吐き出すことが難しい子どもにとって、こうした絵を描くことは心のケアにつながるという。
村瀬「この絵の子どもの表情はとても悲しいが？」
ダビデンコ「自分の不安な気持ちを表現しています。感情を絵で表すことは、大切なことだと心理士として思います。子どもは遊びながら創作しながら、自分を取り戻しているんです」
ロシア軍の攻撃で壊滅的な被害を受けながら、ウクライナの教育者たちの必死の活動が続いている。
＊ブチャ　キーウ近郊の町。２月にロシア軍が侵攻し、４６１人の死者がでた。多くの住民への虐殺が行われた。

4　日本に避難してきた少女
——戦争は心の美しさまでは奪うことはできない——

ウクライナの少女ズラータさんは、ロシアのウクライナ侵攻をきっかけに、日本へ旅立つ決心をする。彼女は、自宅の本棚にあった1冊の本「日本語独習」がきっかけで、日本語を学びはじめていた。ズラータさんは、ドニプロの街から、母と列車に乗ってポーランドにわたり、42時間かけて、ワルシャワにたどり着く。そこからたくさんの困難をくぐりぬけて、見知らぬ人たちの温かい援助に助けられ、日本にやってきた。16歳の少女は、17歳になっていた。彼女の夢は「いつか必ず日本で漫画家になる」ことだ。

ズラータさんは、「戦争は心の美しさまで奪うことはできない」と語る。

「(戦火の中でも) こうして人がお互い心を寄せ合い、助け合い、思い合うことを忘れずにいる。戦争に、心の美しさまでは奪うことができないことを、私たちは訴えたかった。どんなに身の回りのものが破壊されたとしても、私たち一人ひとりの心までは絶対に破壊できない。私たちは、徹底的に相手と思い合って、手を差し伸べ合って、傷つけ合いや殺し合いと正反対の言動で抵抗してみせる。

そんなことをここで、出会った一人ひとりの人たちが教えてくれているような気がした。私も支えてくれる皆さんに感謝して、希望を失わずに前を見て歩いていこう。それが何よりの反戦の意思表示になり、大切な人たちを守ることにもなるから（ズラータ・イヴァシコワ『ズラータ、16歳の日記』世界文化社、2022年、175〜176頁）。

そして、ロシア人についても次のように語っている。

「私はロシア人を憎みたいわけじゃない。最近、ロシアの人たちへのバッシングをよく耳にする。でもそれは少し違うのではないかと私は思う。私はプーチンや今回の戦争の関係者に関しては、激しい憤りもあるし、酷いと思うが、だからと言って、それがロシア人全体を嫌うこととイコールにはならない。なぜなら一般のロシアの人の多くは、彼らがやりたくてやっているわけではないと思うから。彼らだって苦しいのだ。私だってロシア語で生活をしてきたし、文化的にも影響を与え合ってきたところなのだから（前掲書152頁）。

ロシアが一方的にしかけたウクライナ戦争の終結は見えない。

それにしても日本では「ウクライナ戦争はやめろ！」「ロシアはいますぐウクライナから手を引け！」の声が高まっているとはいえない。日本のウクライナ戦争反対の運動の静けさはどうしたことだろう。60年代のベトナム反戦の高まりが思い出される。

「みんな年をとってしまった」ですまされるものではないだろう。

子どもたちの純粋な声を聞いてみよう。

5　ロシア軍の侵攻1年　ウクライナの子ども

２０２３年2月24日、ロシアのウクライナ侵攻から1年がたった。各種報道機関が特集を組んでいる。

米国防総省の推定では、ウクライナの戦死者数は、10万人（22年11月）、ロシアの戦死者数４〜６万（23年2月）となっている。ロシアの戦死者数がもっとおおくなっている報道もある。ウクライナ政府の昨年12月の発表では市民の犠牲者は2万人を超えた。

ロシアのウクライナへの非人道的な攻撃によって多くのウクライナ人たちは国外に避難した。国連難民高等弁務官事務所によれば、２０２３年2月の段階で、８０７万人が避難民となり国外に逃れた。そのほかにウクライナ国内で避難した住民は６００万人と言われている。避難した場所は、ポーランドが１５６万人、ドイツ１０５万人、チェコ84万人だが、もっとも多く避難したのはロシア２８５万人である。これは、ロシアとウクライナの国家と国家の戦争ではあるが、ロシア人とウクライナ人の長年にわたり親しく交わってきた歴史を複雑に反映している。

23年2月22〜23日、国連総会が開かれ、決議が採択された。「決議」では、「武力による威嚇や行使の結果として生じるいかなる領土の取得も合法とはみとめられない」とし、「ロシアが、ウクライナ領土から、即時、完全かつ無条件に全軍を撤退させることを要求し、かつ敵対行為の停止を求める」とした。

国連決議への各国の態度は、賛成141　反対7　棄権32　投票せず13で、前年度22年3月2日の非難決議とほぼ同じであった。

ウクライナ戦争は膠着《こうちゃく》状態に入っているように見える。

開戦以来、精力的に論評をしてきた小泉悠氏は、「私はこの戦争が2年目で終わるとは見ていない」「ロシア軍のミサイルが払底《ふってい》（底をついている——筆者）しているとの観測も一時あったが、（略）ロシアの武器が尽きて戦争が継続できなくなるというシナリオは期待できないと言える」と語っている（『朝日新聞』2023年2月23日）。

第Ⅱ章　子どもたちが見たウクライナ戦争

――ウクライナ戦争を日本の侵略戦争と重ねて学ぶ

村山士郎

1　日本の子どもたちが見たウクライナ戦争

自宅のテレビを付けると毎日、残酷なウクライナ戦争の生映像が映し出される。日本の子どもたちは、その画像をどう見ていたのだろう。

京都府　一年　しんたろう

ぼくはウクライナの戦そうのたたかいが気になって、
じぶんのおうちに　カクミサイルにうたれたら
こわいし　にげたいです。
あと、ばくだんもおちてきたらこわいです。

（京都教育センター編『ひろば』２１３号）

プーチン大統領へ

大阪府　２年　おざさ　かおるこ

「せんそう」といういみを知っていますか。
それは、人がたくさんしんでしまう
ということです。
そのせいで、その土地まで
ほろびてしまいます。
やめてね!!

（神崎拓也　学級通信「かがやけ」２年１組１９０号、２０２３年３月８日）

戦争ってテレビだけの話？

東京都　３年　長はま　かりん

テレビでみる戦争の話……。
じぶんにはかんけいないとずっとおもっていた。
けど、じっさいそういうたいけんをした人を目の前にすると、ちがうんだなぁと思う。
戦争は、全員がしないようにと、気をつければしなくなるもの？
一人でもその考えからはずれると
おきてしまうものなのかな……。

（武藤あゆみ　3年生、学級通信「かけはし」113号、2023年2月2日）

せんそうはこわい

鹿児島県　三年　和田　珠愛

わたしは、朝起きていつものニュースを見ていました。

すると、がめんがせんそうにかわりました。

テレビを見ていたら、ウクライナの六才の女の子がなみだ目で、

「せんそうはいやだ。早くもとの世界にもどってほしい。」

と言っていました。他の六才の女の子はばくだんでぎせいになりました。

その女の子をちりょうした病院の人たちは、

「プーチンにこの子の目を見せるんだ。」

と言っていました。でも、もうおそく、息を引き取られてしまいました。

お父さん、お母さんは悲しかっただろうと思います。

またいつか六才の女の子がもどってきてほしいです。

（『作文と教育』２０２２年、８～９月号）

せんそうはとてもあぶない

鹿児島県　三年　上山　紗来

「ドーン、ドーン。」と大きな音をたてて
せんそうが始まったとニュースで知りました。
わたしは、心の中で「せんそうは
何万人もの人々を死なせてしまう
とてもこわいものなのに、なんでそんなこと
をするんだろう。」と思いました。
お母さんも、びっくりしていました。
弟は、ゲームをしていました。

わたしは、「せんそうが、とてもこわい。」
と心の中で思いました。
わたしは、ニュースを見ていて、せんそうの
ことがよく分かりました。
「ちいちゃんのかげおくり」のようになった
ニュースを何度も見ました。せんそうは、
とてもこわいんだなあと思いました。

（日本作文の会編『日本子ども文詩集』２０２２年版、本の泉社）

ウクライナ戦争が毎日テレビで報じられる。子どもたちがそれを見ている。そして、和田さんは「せんそうはいやだ。早くもとの世界にもどってほしい。」と語っていた6歳の女の子がもどってきて

ほしいとも書いている。上山さんは、何万人をも死なせてしまう「戦争はとてもこわい」と書いている。子どもたちの柔らかな心にこの戦争の恐怖を植えつけているのだ。世界中の子どもたちがこの「恐怖」を実感していることだろう。戦争は、ウクライナの子どもたちだけに恐怖を与えているのではない。日本の子どもたちに、世界中の子どもたちにも恐怖をあたえているのだ。戦争は、子どもたちが平和のうちに育つ最も重要な権利を奪っている。

戦争イヤ

東京都　五年　澤田　媛夏

私はいつも思う
戦争は人の命をなんの意味もなく、うばうこと
「国が戦争をすると決めたから」
というだけで何人もなくなっていくこと
「それは、えらい人が決めたから？」
「国に住んでいる人たちの思っていることを聞いてくれないの？」
と、いつもニュースを見るたび思う。
同じ人間なのに、国がちがうだけで
殺し合いをするんだ。

テレビを見るだけで、悲しくなる
もし自分のだったらイヤ。
父さんが行きたくもない戦争しに行くのもイヤ。
もし、父さんが死んだらと考えるのもイヤ。
私は、戦争が大嫌い。
みんなも戦争が大嫌い。
だから、私はいつも思う。
戦争をしようと思っている人は、子どもだ。

（『作文と教育』２０２２年、８〜９月号）

澤田さんは、だれが戦争をすることを決めているのかと問うている。そこには、戦争を始めた人たちは、その国に住んでいる人たちの思っていることを聞いているのだろうかという疑問がある。なぜ「同じ人間なのに、国がちがうだけで殺し合いをするんだ」という怒りにもにた疑問がある。「戦争をしようと思っている人は、子どもだ」と結んでいる最後の一行は、戦争を引き起こしている大人社会への痛烈な批判となっている。

「ちいちゃんのかげおくり」「一つの花」と本当の戦争

神奈川県　四年　市川　碧空

今ロシアとウクライナが戦争をしています。三年生で「ちいちゃんのかげおくり」を、四年生では「一つの花」を勉強しました。

二つの物語でにているところは、「ちいちゃんのかげおくり」は、さいご、ちいちゃんは花畑に立っていて、「一つの花」も、最後ゆみ子はコスモスの花に包まれます。だから二つの物語に共通している事は「花」が出てくることです。花は幸せや平和みたいなイメージがします。

ロシアとウクライナの戦争のニュースを見て、道路に「血」がついた映像や、てきと戦っている映像や、スーパーマーケットが戦争のせいでこわれている映像などを見たことがあります。初めて本物の戦争を見たので、マンションやくずれた町にわたしが住んでたら——というのも実感しました。戦争はやっぱりいけない事だな。戦争はどっちが勝ってもそんなことより「命をおとしてないか」ということが大切だと思いました。それで、わたしは今、平和な国でくらしているので「平和ってすてきだね」と思いました。

お母さんからきいた話ですが、わたしのひいおじいちゃんが戦争に行く予定だったのですが、もうちょうのせいでおなかがいたくなって、戦争に行かなくてもよくなったそうです。もし戦争に行ってたら命を落としたかもしれないし、わたしのお母さんも生まれていないから、行かなくてよかったです。やっぱり「平和はすてき」ということです。

ウクライナとロシアの戦争が早く終わるように願っています。あと、わたしはなぜロシアとウクライナで争いがおきるのかが気になるので、「今度調べてみよう」と思っています。

（日本作文の会編『日本子ども文詩集』２０２２年版、本の泉社）

市川さんは、戦争についていまもっている知識や体験を総動員して考えている。道路に血のついた映像、崩れたマンションや町を見ながら、「戦争はどっちが勝ってもそんなことより『命をおとしていないか』ということが大切だと思います」と書いている。

母から聞いたおじいちゃんが戦争に行く予定だった事を聞いて、戦争を一層身近に感じている。「平和はすてき」と感じている市川さんは、平和という言葉に「命の大切さ」をとらえている。

3月14日ニュースを見て思ったこと

東京都　四年　ムガブル　天音

私が昨日のニュースで思ったことです。そのニュースはウクライナとロシアが戦争するというニュースです。

私はいつも思っているんですが、戦争では、戦争をのぞんでいない人が行って、戦争を選んだ人は行かないのがひどいと思います。のぞんでいない人は行くという『せんたくし』しかないのも変だし、ひどいです。私は、選んだ人が行かないから戦争が続いてしまうんじゃないかと思います。

戦争という『せんたくし』がこの世界からなくなればいいと思います。

（『作文と教育』２０２２年、８～９月号）

ムガブルさんは、戦争に行くのは、戦争を選んだ人ではなく、「戦争をのぞんでいない人」がいくことになっていることに疑問を持っている。そして、戦争にいかない人が戦争を選んでいるから戦争が続いてしまうのではないかと結論づけている。自分が真っ先に戦場にいかなければならないのであれば、戦争を選ぶだろうか、選ばないだろう。ムガブルさんが考えたひとつの「真理」である。

プーチン大統領さんへ

鹿児島県　六年　小野　かなう

今、日本でも、ロシアとウクライナが戦争をしているとニュースでよく耳にします。戦争では、たくさんの人の命が簡単に奪われてしまいます。それもいっしゅんで。神様から受け取ったたったたった一つの命を、だれもが大切にしたいでしょう。たった一つの一人大切な命を奪われてしまうのはよくないと思います。

人には「生きる権利」があります。その生きる権利を奪われてしまったら、どんなにつらいでしょうか。私は、今、生きる権利を持ち、楽しく生活できています。

でも世界では貧困に苦しみ、生きたくても生きていられない人もたくさんいるのに、生きられている人が戦争をして、命を奪うのはまちがっていると思います。

人間はみんなちがう意見を持っています。ちがう意見なので、対立したり言い争ったりすることは当たり前だと思います。でも、意見がちがうからといって、関係のない人の命を奪ってしまうのはよくないと思います。もっと戦争の他に、話し合ったりきちんと意見を聞き合ったりするなど、命を奪わなくていい方法があるはずです。生きたいと思う人の命を奪っていく戦争はいいものではありません。

私は、社会の授業で、戦争の恐ろしさや戦後の暮らし方について知り、とても大変で苦しかったんだなと感じました。戦争に賛成する人、反対している人、どちらもいると思います。私は戦争に反対です。戦争で自分の命が奪われてしまうと考えただけでも恐ろしいです。人の命が奪われると考えると、たくさんの人もこわいと感じるでしょう。

プーチン大統領は、どう考えていますか。私は、一人でも多くの人の命が残ってほしいと願うことしかできません。ロシアの人も、ウクライナの人も、生きたいと思う人がたくさんいると思います。赤ちゃん、小学生、中学生、大人、老人と、一人に一つしか与えられていない「命」が、これから先も続いていけるように、生きる権利を奪う戦争をしてほしくないです。

(『作文と教育』2022年、8~9月号)


小野さんは、ウクライナ戦争のニュースをみながら、「生きる権利」を考えている。

「人間はみんなちがう意見を持っています。ちがう意見なので、対立したり言い争ったりすることは当たり前だと思います。でも、意見がちがうからといって、関係のない人の命を奪ってしまうのはよくないと思います。」

これは、日本国憲法の民主主義の考え方である。その考えを法律の条文からではなく、ウクライナ戦争に直面しながら考えたところにねうちがある。なぜなら、日本国憲法の民主主義の条文は、もともと戦争の反省から生まれたものだからだ。

国と国との意見の違いや争いごとを武力や戦争で解決しないことを宣言したのも日本国憲法の九条である。

2 広島学習に加害の視点を――東京・桐朋小学校 武藤あゆみ実践

日本の子どもたちがウクライナ戦争に関心を持ち、ウクライナの人々がその被害に遭っていることに心を痛めている。そして、「戦争をやめてほしい」と平和を願う声をあげている。そんななかで、ウクライナ戦争でのロシア軍は、昔の日本の軍隊が行った戦争と重なるのではないかと学習を進めている子どもたちにであった。

東京・桐朋小学校、武藤あゆみ学級の子どもたちだ。

（1）戦中に書かれた子どもたちの作品を学んで

武藤学級では平和学習として、戦中に書かれた子どもたちの作品を学習している。『子どもたちが綴った戦争体験』（新日本出版社）から、アジア・太平洋戦争時代に子どもたちが書いた作品を読み合っている。

無題

鹿児島県　一年　ナガゾノ　マサル

ワタクシタチノヘイタイサン、シナノヘイタイトセンソウハツライデショウ。ニッポンノクニノタメ テンノウヘイカノタメニ、シナノヘイタイヲ ノコラズコロシテ、クビヲミヤゲニタクサンモッテキナサイ。イチバンタクサンモッテキタヘイタイサンハ テンノウヘイカガキンシクンショウ（＊）ヲクダサイマス。シンデモカッテキナサイ。ワタクシタチモガッコウデイッショケンメイベンキョウシテ大キクナッテヘイタイサンニナリマス。

＊キンシクンショウ（金鵄勲章）：戦功がとくに優れた陸海軍人に与えられた勲章。

読みあった後の感想の一部である。

「小学校一年生が書いた作文の文章は、ざんこくな言葉やおそろしい言葉がたくさん含まれていて、子どもが書いたものとは思えませんでした。『シナノヘイ』の人たちがこの作文を読んだら、震え

るような恐怖を感じるんじゃないかと思いました」（かのん）

「まだ一年生の子どもが『シナノヘイヲコロス』と、平気で書くことができてしまうには、学校で『敵をたくさん殺すことはよい事だ』とすごく教えられないと、そういう発想はないと思う、日本全体がそういう感じになっていたんだと思う」（いつじ）

ウクライナ戦争を見るとき、「ウクライナの人たちはかわいそう」「戦争は悪い」という感想に終わらせず、日本もかつてロシアと同じ侵略戦争をした国であったという認識は、自然発生的に生まれるわけではない。事実と向き合ったしっかりした学習を体験して獲得されるものである。

（2）桐朋小学校における広島修学旅行
——アジア・太平洋戦争と大久野島の毒ガス製造の学習——

桐朋小学校は、広島修学旅行の事前学習として、アジア・太平洋戦争の学習に、9月～10月で20時間を予定している。修学旅行の準備に4時間とっても、16時間を確保したいとされている。

アジア・太平洋戦争の歴史として、「満州事変と日中戦争」「南京大虐殺」「三光作戦」「沖縄戦」を基本として、その時代の「不況に苦しむ人たち」「戦時中の国民の生活」を含めて学ぶ。

広島修学旅行の事前学習

①8月15日、広島の朝　②原爆はなぜ、広島に落とされたか　③広島市内の原爆被害の範囲　④原爆による被害Ⅰ・Ⅱ　⑤爆心地・相生橋・原爆ドームと平和公園の碑　⑥広島の平和資料館　⑦毒ガスの島・大久野島（最盛期で5000人の従業員が働いていた）

事前学習の中で注目されるのは、⑦毒ガスの島・大久野島が組み入れられていることだろう。桐朋小学校では、1996年から広島修学旅行を導入しているが、その96年から大久野島の毒ガス製造、加害の歴史を学ぶことを位置づけている。

広島修学旅行では、広島の原爆被害を学ぶと同時に、大久野島での旧陸軍の毒ガス製造と中国大陸での毒ガス使用があったことに着目し、広島の修学旅行を日本が体験した戦争の被害と加害の両面を学ぶ機会として構成している。

「大久野島の毒ガス製造とその被害」について山内正之さんのお話を聞く

広島修学旅行の感想で、何人かの生徒が大久野島の毒ガスにふれている。

大久野島（広島県竹原市）は、今日、約900羽ものうさぎが生息する「うさぎの島」として有名である。しかし、その大久野島は、日本の化学兵器製造拠点として第二次世界大戦で使用するための毒ガスの製造を行う、重大な国家機密の島として地図からも消されていた。「毒ガス資料館」は、大久野島で毒ガスが製造されていた事実と、その過程で多くの犠牲者を出すに至った現実、そして、その悲惨さを訴え、恒久平和を願うために1988年（昭和63年）に建設された。館内には工員手帳や作業服、液体毒ガス製造装置など貴重な資料が展示されており、代表的な平和学習の場の一つとして数えられるようになった。修学旅行では、「毒ガス資料館」見学だけではなく、大久野島にのこっている毒ガスをつくっていた遺跡を説明を聞きながら学んでいる。

2022年は、コロナのために、修学旅行の事前学習として、大久野島の毒ガス製造の歴史にくわしい山内正之さんからスクリーンショット（写真パネル）でお話を聞いている。

山内正之さんのお話　大久野島の毒ガス遺跡（その概要）

戦争は日本の受けた被害だけではありません。日本軍のアジアの人たちを殺害した加害のことを忘れてはなりません。

日本は国際条約で禁止された毒ガスを使用しました。毒ガスは原爆と同じ皆殺し兵器です。毒ガスは小さな子どもから大人まで無差別に殺傷します。

日本軍は中国の一般市民をも毒ガスで殺傷しました。2000回以上使用し9万人以上の中国人を殺傷しました。

日本の毒ガスはほとんど大久野島でつくられました。島全体が秘密工場で関係者以外は島に入ることができませんでした。毒ガス製造の秘密を守るため大久野島は地図から消されました。

毒ガス製造は大変危険な作業でした。大久野島で働いた人々は90％以上が毒ガスの被害を受けました。中学生の生徒（13〜15歳）も働かされました。日本の毒ガス使用は東京裁判で裁かれる予定でしたが、米国が裁判に反対したので裁かれませんでした。

日本軍は中国のあちこちに毒ガスを隠して帰りました。中国では、その毒ガス弾で今でも被害が出て、人々を苦しめています。

戦争は世界の人間を不幸にします。歴史から学び戦争を起こさない国にしましょう。

――戦争で殺された小学生より――

（山内正之さんのお話は、「大久野島毒ガス製造とその使用」のスクリーンショット〈写真パネル〉から筆者作成）

ロシアは、昔の大日本帝国がたどった道を進んでいます

――報告会での6年生の感想――

学校では、修学旅行から帰って、5年生と保護者をまじえて、「報告会」を持っている。「報告会」で、6年生から出された感想である。

■授業で大久野島のことを学んでいたが、今回お話を聞き、中国で実際に毒ガスが2000回も使

われていたことにおどろきました。原爆で日本人はたくさん殺されてしまったけど、日本も中国やアジアなどにもたくさん毒ガスを使い、たくさんの人を殺していることに悲しい気持ちになりました。今回山内先生の話を聞いて、もう二度と戦争をしたくないと思いました。（りんたろう）

■今までは、日本が受けた被害のことばかり勉強していたけれど、日本も同じくらいやそれ以上の被害を中国やアジアの国々にしていることを知って、なぜ今までしらなかったのだろうと思いました。また、今まで日本は条約に違反してまで、戦争に勝ちたかった理由がよくわかりませんでした。私は、最近の授業をやるまで、大久野島のことは知りませんでした。なので、話を聞いて、なぜこんな大切なことをみんな知らないんだろうと疑問に思いました。（あかり）

■改めて「戦争」のおそろしさを知りました。毒ガスや原爆といい、核兵器使用、それによる死者。何もいいことがない「戦争」。何も悪いことをしていない人が、死んでしまう「戦争」。日本は加害者でもあり、被害者。被害者側から見ると、普通の人と同じ生活をしていたのに。

加害者側から見ると、あっちもやってきたんだから、こっちもやり返す。これが「戦争」です。今、ウクライナでも、戦争というより、一方的な攻撃が続いており、ニュースでウクライナの人たちの様子を見ると、とても辛そうでした。今でも、こんな事があることを実感しました。（さきさん）

■私は広島や大久野島、それから世界中が被害を受けて大変なことになっているのを聞いて、知るだけではだめだと思います。知ったことをまた次の世代へつなげていく、それが平和のための第一歩だと思いました。
そして、今ウクライナ情勢でロシアが攻撃を続けています。それは、今この瞬間から80年前の悲劇が起こる可能性があるということです。それは、絶対にだめなので、なんとかして止めたいです。緊張したけど、核のおそろしさをうまく伝えられたと思います。（ゆうりさん）
（レポート「福島第一原発事故についての学習と平和についての学習」〈日本作文の会2022年大阪大会・2022年8月7日〉）

報告会での感想では、日本は被害者であったが加害者でもあったことを知り、戦争の悲劇を認識している。そして、今、ロシアがウクライナに攻撃していることを「絶対だめなので、なんとかして止めたい」と書いている。

こうして、桐朋学園の広島への修学旅行は、日本の戦争の「被害」だけでなく、「加害」の側面からも捉える視点をもてる学習を組み込んでいる。大久野島での毒ガス製造とそのガスの大陸での使用という「事実」に向きあわせることが、ウクライナ戦争の捉え方にも、日本のかつての戦争を関わらせて捉える視点を与えている。
武藤さんは、「加害の部分は、大久野島が入口だと思っています。従軍慰安婦の問題のことなどももっともっと学ばなければならないのですが、6年生と学ぶにはあまりにも重く、なかなかそこまで踏み込めていません。

私の今の問題意識として、この桐朋小学校の学びをどうつなげていくかです。桐朋学園の中高では、『平和ゼミナール』もあります。そことつながりながら学びを深めていける活動ができないかと思っています。今、担任しているのは3年生ですが、その問題意識を持ちつつ、いろいろつながりながら私自身も学んでいきたいです」

桐朋小学校は私学であるという条件がある。しかし、学校全体で取り組んでいる平和学習には、「広島の学習に加害の視点」を意識的に取り入れるなど、多くの学校や個々の教師の実践が学んでいく視点が提示されているのではないだろうか。

（3）２０２３年ウクライナの友人たちとの交流

武藤さんは、２０２２年～２０２３年は、３年生を担任している。23年1月20日、東京の桐朋小学校で、ウクライナから避難してきたオルハさん、リアさん、ヤンさんたちとの交流会が開かれた。

最初にみんなから歓迎の気持ちを込めて、コマやけん玉、なわとび、御神楽《みかぐら》をオルハさんたちに見てもらった。そのあと、オルハさんやリアさん・ヤンさんから、ウクライナのことや学校のこと、戦争のことなどをみんなに話してもらった。

ウクライナの学校は、ランチがバイキング形式だったり、学校にゲームを持っていって良かったりして、みんなから「いいなぁ！」という声がわきおこった。

そして、戦争の話に入ると、みんな真剣に耳をかたむけた。

『オルハさんたちは眠れなくなったことはありませんでしたか?』という質問もでました。『昨年の2月に戦争が始まり、3月に日本に来るまで、怖かったし必死で逃げていて眠れなかったこともある。今は日本に避難できて、眠れるようになった。だけど、今でも爆撃におびえ、眠れない日々を送っている人がウクライナにいる。』

オルハさんの言葉は、私たちに重くひびきます。子どもたちも、その言葉をちゃんと受け止めているようでした」

○せんそうが始まった去年の2月、オルハさんのお母さんが「とにかくにげなさい!」と言って、すぐにオルハさん、リアちゃん、ヤンくんはにげてきたそうです。日本に来たのは、3月4日で、その時から今まで何もわからないことだらけでかわいそうだと思いました。オルハさんの考えだと、プーチンはかくへいきを使わないと思っている。なぜなら、核を使ったら自分も死んじゃうことをおそれているのではないか、と言っていました。とにかく、せんそうは何があってもやってはいけません。(ゆういちろう)

○ウクライナの人は、日本に来てもふべんなことがいっぱいあると聞いて、安全なところでも、大へんだということがわかりました。キーウでは、一万人くらいの人が亡くなっていると聞いて、しょうげきてきでした。せんそうをなくすには一人ひとりの「平和がいい」という心が大事だと思います。ヤンくん、リアちゃんはなれない日本の学校で勉強しているので、かわいそうだと感じました。早くウクライナに平和がもどってきてほしいです。（みずき）

○もともと戦争はこわいことだと思っていたけど、オルハさんのお話をきいて、ひなん所はあるけど、食料がないことを思うとこわくなったり、家ぞくとはなれちゃったオルハさん、リアちゃん、ヤンくんのことを思うと、こわくなってしまった。オルハさんたちは、それにたえていて、すごいなと思いました。（くるみ）

○戦争が、日本では80年前くらいにおきていた、と思うととてもかなしくなりました。この気もちはみんな（ウクライナ人）は思っているということだと思いました。オルハさんは、プーチン大とうりょうがかくへいきを使わないと言っていましたけれど、私は、やっぱりしんぱいです。（ひなこ）

○もっと知りたいことは、ロシア人の本当の心を知りたいです。ウクライナのことをどう思っているのかです。深めたいことは、ウクライナにいる人は、どういう風に生かつしているかです。キーウはミサイルなどがとんできます。早く安全になってほしいです。（みずき）

（先生から）テレビで流れる戦争のニュース。自分にはかんけいない、とおい国の話と思っている人もおおかったのではないかな？でも、オルハさん一家に出会い、話をきいたことで、遠い話ではないことを、目の前にいる人が苦しんでいることを知り、自分にひきよせて考えることができるようになったね。

せんそうはいや

3年　おざき　かい三ろう

「ちいちゃんのかげおくり」みたいに、地下のシェルターでばくだんの音がきこえながら生活しているのはつらいと思います。

家ぞくともはなれ、オルハさん・ヤンくん・リアちゃんの三人でくらしているとおもうと、オルハさん一家も心ぼそいと思います。

あい手がてったいするのか、自国がせんそうでまけてしまうのかのまぎわです。

アメリカなどからも助けやほかの国にもウクライナ人の人々たちがひなんしています。オルハさん一家はにげてきたんです。

これから、日本語がわからないかもしれないけど、日本の遊びや文化・でんとう、それからウクライナの遊びや文化・でんとうを学びあい、楽しめるのがいいです。

日本にいても、きんちょう感があるとおもいますが、安心してくらしてほしい。

せんそうがおわって、オルハさんのおばあちゃんとさいかいできるといいです。

（先生から）かい三ろうくんも、オルハさん一家に会ったことで、自分に引きよせ、想像力を働かせて考えられているなあと作文を読み思ったよ。そして、よくお話を聞いていたなぁと感心したよ。日本にひなんしてきても、日本のくらしになれたり、生活をしていくのには、とてもたいへんなことがあることも知ったね。オルハさん一家が少しでも安心してくらせるようになってほしい。私たちにできることは何かを考えたいね。

（武藤あゆみ　3年生、学級通信「かけはし」108号～113号、2023年）

武藤さんは最後に次のようにのべている。「日本の子どもたちがウクライナ戦争をどう見ているか、学校では日本の侵略戦争と結びつけて学んでいる教室や授業のあることを報告してきた。みなさんのご家庭では、ウクライナ戦争についてどのように語り合っていますか。また、学校ではどのような学びにつなげていますか。そんな機会を子どもたちは待っているのかもしれません」。

3　主権者として学ぶ日本の課題「大人たちへの手紙」

――札幌市真駒内曙中学校　平井敦子さんの実践――

（1）ロシアは、ウクライナから手を引いて下さい

ロシアがウクライナを爆撃した映像を見て手紙を書き、ロシア大使館などに送った中学生たちがいた。

北海道札幌市真駒内曙中学校、平井敦子さんの公民科の実践である。

■ロシアへ

僕は今15歳ですが、物心がついてから初めて戦争が始まった瞬間を目撃してしまいました。そして今回の件を通して改めてわかりました。戦争や紛争などは、外交、つまり話し合えさえすれば、血が流れる事態を避けることができる確率が0％ではないことを。

また今のロシアを見ていると、どうしても僕らの国である日本の姿が重なってしまいます。なぜなら約90年前、満州事変を起こし一方的に日本が満州国という国の独立を認めた、あの悲劇の繰り返しだからです。満州事変とウクライナ東部の紛争では、状況は全く違いますが、形から見るとやっていることは同じです。15歳の淡い願望ですが、ロシアまで日本と同じ道を辿ってほしくありません。歴史の授業で習った哀れな日本にまで成り下がらないでください。そしてこの戦争を世界のため、自分の国のために手を引いてください。この暗い悲しみの連鎖はどこまで続くのでしょうか。世界が明るくなる日を祈っています。

2022年3月4日　反面教師「日本」の15歳より

■ロシア兵へ

あなた方は今、国から何を伝えられウクライナに攻め込んでいますか。「大統領の命令だから」ですか？「ウクライナ東部の住民をウクライナ政府から守るため」ですか？　もしこのように伝えられているのなら、自分のしていることは正しいと思うかもしれませんが、国際的に見ると、何も正しくないと思う人が大半です。なぜなら、日本も昔、今のロシアのように、中国の人を助けるため、中国の日本人を守るためといって満州を制圧したからです。そのことで、日中戦争が起き、大平洋戦争へとつながり、結果、今でも国連に「敵国」として扱われています。今のままだとあなたたちのロシアが、敵国扱いされるし、あなた方が生きて帰ってきても、ずっとウクライナの人から批判の目で見られ続けますよ。あなたたちの子どもや孫にまでも続きますよ。それでもいいんですか?

私は中学校で戦争の歴史を学びました。そして戦争がどれだけ酷く残酷かを知りました。なので、もう同じ過ちを犯してほしくありません。もう一度考えてみてください。今、あなたたちは何のためにウクライナに侵攻しているのですか。(g)

■ロシア大使館様

ロシアは戦争をやめるべきだと思います。この前、6歳の女の子が亡くなりました。この戦争がなければこれからの人生があったはずなのに。ＴｉｋＴｏｋというアプリで戦争の状況を発信している人がいます。ロシアの兵隊を呼び止めウクライナの人がロシア兵のスマホをみると、そこには戦争の情報などなく、ただ上の命令に従って動いているだけでした。「訓練に行く」といわれてついていったらそこはウクライナだったという兵士もいました。兵隊たちは家族とも連絡を取れず、ウクライナの住民がスマホを貸してあげて、家族に電話をかけさせると泣いていました。そして「戦争をしたくない」そういいました。ロシアの住民もウクライナの住民も戦争を望んでいません。悪いのは軍を動かしているプーチンです。これ以上人が死ぬということを止めなければなりません。過去にも戦争はありました。そこに学ばなければいけません。69歳のおじさんが、若い命を奪わないでほしい。プーチンは間違っています。これ以上命を奪ってはいけません。（ロシア語訳つき）（J）

中学生たちは、「ロシアは戦争をやめるべきです」と主張している。それは、「プーチンが悪い」、「ウクライナの人々や子どもたちがかわいそう」という受け止めを超えている。中学生たちは、ロシアの侵略に反対しているだけでなく、ロシア軍のウクライナ侵攻は、かつての日本がおこなった中国やアジアへの侵略戦争に共通しているととらえている。

「反面教師15歳」は、「今のロシアを見ていると、どうしても僕らの国である日本の姿が重なってしまいます。なぜなら約90年前、満州事変を起こし一方的に日本が満州国という国の独立を認めた、あの悲劇の繰り返しだからです」と書き、gは、「日本も昔、今のロシアのように、中国の人を助けるため、中国の日本人を守るためといって満州を制圧したからです。そのことで、日中戦争が起き、大平洋戦争へとつながり、結果、今でも国連に『敵国』として扱われています」と書いている。

日本の過去の戦争は、今のウクライナ側にたっていたのではなく、ロシアの側、すなわち侵略する側にたっていたのだという歴史認識を共通に持っている。そして、侵略戦争を行った国・国民は歴史上、子どもや孫の世代まで、その責任を負わされ続けるということが学ばれている。こうした認識は、偶然的にうまれたものではない。この中学生たちは、日本のアジア太平洋戦争が侵略戦争であったことを学んでいるからであろう。

実は、中学生たちのウクライナ戦争についての「手紙」は、3年生の「公民」の授業での「大人たちへの手紙」の取り組みの中から生まれたものである。手紙の内容と宛先は多様である。

その主なテーマは、次のようなものであった。

- 投票率の低下を防ぐために選挙の義務化
- 日本の働く人の低賃金の問題
- 国会議員の男女比を定める
- 法人税が下がり消費税が上がっていることについて
- 国債が増え続けていること
- 同一労働同一賃金について
- 同性婚について、性的マイノリティーについて
- 外国人の在留資格

・高齢化対策について
・環境対策で日本は「化石賞」をとっていること

（以下省略）

取り上げられている課題は、いずれも日本の今日の焦眉の課題である。発送された宛先は、国会議員、大臣、政党の代表、地方議会の長や自治体の役職者、労働組合などである。

平井さんは、「『大人たちへの手紙』の送付について」のなかで次のように解説している。「このたび送付させていただきましたのは、中学3年生が公民的分野の学習『良い社会を目指して』を通して現代社会の課題を解決するために考察し書いた手紙です。

義務教育を終え社会への旅立ちを目前にした彼らが学ぶ社会科公民的分野の授業では、新学習指導要領の示す目標として『民主政治の意義、国民の生活の向上と経済活動とのかかわり及び現代の社会生活などについて、個人と社会とのかかわりを中心に理解を深め、現代社会についての見方や考え方の基礎を養うとともに、社会の諸問題に着目させ、自ら考えようとする態度を育てる』ことが掲げられ、その評価のあり方として授業を通して『現代の社会的事象について、国家及び社会の担い手として、現代社会に見られる課題の解決を視野に主体的に社会に関わろうとしている』かどうかを見取ることが求められています。

そこで、現実に社会各方面でご活躍される方々への『手紙』という形でまとめる学習を行いました。大変熱心に自らの課題意識に向き合い手紙をしたためましたので、ご無理を承知で貴職にあてて書かれたものをこのような形で送付させていただきました。

中学生ではありますが、彼らもこの国の主権者であり、また3年後には有権者にもなります。昨今、若い世代の投票率の低下が問題となっている中で、彼らに芽生えた社会に対する課題意識と社会に参画していこうとする責任感の芽生えを、ぜひ温かい目で見守り励ましていただければ幸いです。」

（レポート平井敦子「大人たちへの手紙――より良い社会をつくる主権者として――」）

生徒たちのウクライナ戦争を含む日本の現代的な課題への意見表明は、3年後には有権者になる中学生たちが、「国家及び社会の担い手として、現代社会に見られる課題の解決を視野に主体的に社会に関わろうとしている」行動と見なしている。

中学生の書いた手紙にていねいな返事を送ってくださった方々も少なくなかった。そこには中学生たちの生きた学習が息づいている。

（2）平井さんの歴史の授業

平井さんの日本の現代史の授業はどのようなものだったのだろう。年度は違うが彼女の歴史の授業をおくっていただいた。そのなかから二つの授業を紹介しておきたい。

平井さんは、戦争体験が空洞化する中、「戦争はなぜ起こったの」の問いを身近な自分たちの歴史として学ぶことに取り組んでいる。生徒たちの戦争認識を地域・家族・生活に結びつく形でリアルにとらえさせようとする授業である。

戦時下の模擬家族の授業

平井さんの実践で興味深かったのは、『命』への命令を考える授業――戦時下の模擬家族――」の授業である。

1930年代の模擬家族を六つつくり、生徒たちがそれぞれそのモデルにはいっていく。

たとえば、「模擬家族1」は、「2町歩（2ha）の水田で生計を立てている小作農家」

おじいちゃん　67歳（▲▲▲）
お父さん　44歳（▲▲▲）　＊（▲▲）のなかには生徒がはいる
お母さん　45歳（▲▲▲）
二男　18歳（▲▲▲）
長女　16歳（▲▲▲）
次女　14歳（▲▲▲）
農耕馬1頭

＊20歳の長男（▲▲▲）は出征して華北にいる

それぞれが模擬家族グループにわかれたら、次に「政府からの発表や指令を出していく」。たとえば、

＊「欲しがりません勝つまでは」の統制が強まっていく
＊農家のみなさん「馬は兵器」、供出して下さい。
＊志願兵の募集が盛んに行われる
＊「銃後の守り」が叫ばれる

こうした発表や指示がだされると、生徒たちは、そのことで家族のなかにどのような変化が生じて行くのかを話し合って「家族にあったできごと」「その影響で家族の生活は？（変化）」の枠に書き込んでいく。

こうして、戦争が深まっていくなかで、家族から男子が消え、女子も総動員されていくことが実感されていく。

平井さんは、生徒たちにこうした模擬戦争体験をさせることによって、リアルな体験認識をくぐらせようとしている。戦争体験を語ってくれる人たちが少なくなり、いなくなっているなかでの工夫だろう。

ある家族の18歳の次男を演じた山崎琴子さんは次のような感想を書いている

「両親や祖父母から戦争についてよく聞きます。悲惨で残酷だということは聞いていました。実際に体験するつもりになってみると、本当につらいと思います。どうして歴史を勉強するのか、あらためてわかった気がします。戦争体験者が少なくなってきて、周りに怖い国もたくさんある今、ぜったいに戦争がおこってしまわないようにしたいです」

（レポート平井敦子「『命』の命令を考える授業1――戦時下の模擬家族――」２０１９年）

わが家の20世紀年表

もう一つは、「わが家の20世紀年表」づくりの授業である。平井さんのこの授業は、１９９９年から継続されている。平井さんは、この取り組みで「自分自身の20世紀前半史が『実感』のある『身近な』歴史に書き換えられていった」と語っている。

「わが家の20世紀年表」は、左の縦軸に年号を入れてあり、横軸に「世の中の出来事」、ついで①祖父、②祖母、③父、④母、の歴史を聞き取りをしながら、しらべて書き入れていく学習である。日本の近現代史にわが家の曾祖父、祖母、父、母の歴史を重ねることによって、平井さんは「自身の目線を当時の「『私につながる人』に重ねて、社会を見るという歴史学習ができるようになっていった」と語っている。

生徒たちがつくる年表には、次のような歴史の展開によってそれぞれの家族に引き起こされた「事件」を書き入れていく。

たとえば、

- 北海道に入植した時のこと
- アイヌ民族とのかかわり
- 日清・日露戦争と祖父たちの生活
- 北海道に入植した人々の農業と生活
- 樺太への移住
- 中国侵略と満蒙への移住
- アジア太平洋戦争人々の生活
- 敗戦、引き揚げの苦労など

日本・北海道の歴史とそれぞれの家族の歴史が重なり、自分の身近な人たちの歴史を通して日本の歴史がとらえられていく。

生徒たちの感想

■日本はずっと、「戦争は正しいことだ、正義なのだ！」と言い、本当の戦地の様子を国民に伝えることなく、伝える情報（新聞や写真、兵隊の手紙など）は厳しいチェックを受けていたため、戦争に賛成した人も戦地に行ってから後悔したり、絶対利益があると信じこまされていたことが原因だと思います。（略）（なつき）

■日本国民は、天皇に逆らうという考えがそもそもなかったと思う。だから「天皇の命令だ」とか「天皇のため」とか「お国のため」とか言われると、YES以外は無かった。（略）（こなつ）

■子どもから大人まで戦争は勇ましい行為であると教えられていた。それに加え、戦場の写真や戦果は軍部に厳重に管理され、国民には日本が勝利したという報道や兵隊のかっこよく戦っている姿しか公開されなかったので、一層戦争に対して肯定的になってしまった。（かずき）

■戦争についての授業で特に印象に残った事は、毎時間うるさいクラスが社会の授業が終わる度に、「しーん」と静まっている様子です。

■私のひいおじいちゃんの戦争へ行く前と行った後の写真の表情は違い、行った後の表情はとても暗い顔で、私は戦争の勉強をしながら、そのとても暗い顔の理由がわかっていきました。（ななみ）

■（略）自分が特に嫌だなと思ったのは、戦争で死んだ人々のことを「勇敢な戦士たち」などと言って、次々戦争に送り出していったことです。偉い人たちは自分たちが戦場に行くわけでもないのに、兵士に称号をつけたりするのは見ていて不快なところが多かったです。（ゆうすけ）

■「戦争なんてするもんじゃない」私は今回の学習を終えて強く実感しました。今まではただ「怖いからいやだ」という理由でしたが、授業を受け、多くの人が傷つき苦しんでいたことをより深く知りました。私のひいおじいちゃんは、左手の親指がありませんでした。戦争に行き、流れ弾に当たったからです。私が小さい頃に亡くなってしまいましたが、よく「ピースが一番だ！」と言っていました。その時は「どういうことだろう？」としか思っていませんでしたが、今思えば「平和が一番だ」と伝えたかったのだと思います。（略）（ゆな）

■戦争を考えるとき、「二度と起こしてはならない」という考えで、今まで終わってしまっていたけど、「起こさないために、被害を減らすためにどうしたらよいか」と考えるようになりました。戦争を経験している人が少なくなっていく中、僕がどのようにその記憶を引き継ぎ、後世に伝えていくか、人に任せるのではなく、自分がしていくことが大切なのだと思います。（あらた）

■僕は今まで、（略）実は戦争の歴史が好きでした。授業が戦争に入っていくのは楽しみでした。でも日本が、「神の国」だのなんだのって言っておきながら、平気で人間を殺していく国であり、神の子孫だと言われるものが、「俺のために死ね」とかいう国であることを改めて知ったとき、はずかしさを覚えました。「神のいる国」が人を殺し、「神のいる国」がそのための教育をし、「神のいる国」が「神」を守るために国民を次々と死なせていくことがどうしても信じられず、驚いてしまいました。（略）（けいご）

■授業を受け、改めて、戦争というものは総てを奪っていくのだな、と思いました。特に印象に残っていることは、戦争から奇跡的に生還した人を先生が取材したことについての話です。家に帰ってきたにもかかわらず、戦争のことがフラッシュバックして、寝ていても夜中に目が覚めて、家族の方に心配されても話すことが出来ない。そんな状況になってしまった人もたくさんいたと思います。戦争は二度としてはいけない、と思いました。最後に、歴史を丁寧に面白く教えていただきありがとうございました。（よしはる）

こんな授業なら筆者もおもわず参加してみたくなった。私が中学生だったならどのような感想を書けたのだろう。

「戦争は二度と起こしてはならない」にとどまらず、「戦争を起こさないために」を考えることが大切。「戦争の歴史が好きだった」が考え直した。戦場体験がフラッシュバックして苦しんだ人がたくさんいた。中学生たちは、概念的・道徳的な感想から具体的で体験者に寄り添った感想を書いている。

平井さんは、この授業について次のように語っている。

「『戦争』を歴史としてどう教えるのか、教えたい、知ってほしいことは山ほどある。限られた時間の中で、道筋と戦争への分岐点を浮かび上がらせるにはどうすればいいのか、悩みながら毎回うまく整理できずにいる。

ただ、生徒の中に『20世紀年表』という自分につながる時間軸と親近性があることは、私のブレ感のある実践の中に『柱』として確実にあったことは、歴史学習の積み重ねを現代につなぎ、未来にもつながる学習として意義づける役割を果たしてくれたと思う。」

（平井敦子「曾祖父母の戦争体験を想像し未来を創造する知性に――わが家の20世紀年表と近現代史学習から――」２０１７年）

中学生に「現代社会についての見方や考え方の基礎を養うとともに、社会の諸問題に着目させ、自ら考えようとする態度を育てる」だけでなく、「現代の社会的事象について、国家及び社会の担い手として、現代社会に見られる課題の解決を視野に主体的に社会に関わろうと」することを指導することが提起されているのだ。

中学生たちのウクライナ戦争の認識は、日本の歴史に対する認識と現代社会の諸課題に意見を持ち、社会に参加していく問題意識と結びついてはじめて深化していくものであろう。

大使館への手紙の送付は、「模擬授業」のレベルを超え、「社会参加」に踏み出した活動となっている。

（レポート平井敦子「大人たちへの手紙――より良い社会をつくる主権者として――」）

第Ⅲ章　生活の現実に向き合い、心の安心と平和を育てあう

金田一清子

はじめに

コロナ禍では、マスク生活、黙食、友達と思いっきり触れ合えない、遊べない、など学校生活が窮屈で、自由な感じが持てない毎日が続きました。その上、ウクライナの戦争です。子どもたちの心は、不安でいっぱいだと思います。掃除中1年生が「ウクライナの子ども達がかわいそう」「ねえ、どうしたら、戦争をやめさせられるの？」と小さな胸を傷めて聞いてきます。高学年の子どもに「社会に目を向けて」というテーマで詩を書いてもらうと「戦争はイヤ」という詩で「私は戦争が大嫌い。みんなも戦争が大嫌い。戦争しようと思っている人は子どもだと。」と結んでいます。

大人のおろかさを訴え戦争をなんとか止めてほしいと願っています。

子ども達のこの願いにこたえるために私達は何をしなければならないかと考えると心がふるえてき

ます。

こんな、今だからこそ、子どもたちが心と身体を開いて自分の想いや考えを表現できる場を、本音を出せる場を……と願わざるを得ません。

子どもたちが書いた詩に触れていると平穏な日常生活がいかに大切かを教えてくれます。

1 爆発しそうな心のムカつき

今日、多くの子どもたちがストレス感や抑圧感をかかえ、爆発しそうな生活をかかえて生きています。子どもたちのこころのなかは戦争です。自分が自分であって大丈夫という心の平和を学校や家庭に求めています。子どもたちは、自分を見つめて詩を書くことで、心の平和を取りもどし、大きく成長していきます。

「詩を書くことで悩みやイライラを吐き出すことができます。」こうよびかけて、書いてもらった時の詩です。

ぼくのストレス
　　二年　たくみ

もう、ぼくやだ。
もう、ストレスが百パーセントも

たまっている。
一日一パーセントだけだすんだ。
もう、一日一回キレたいなあ。
あそびにいって、ばくはつしたいなあ。

でも、がまんして
それからばくはつしよう。
しかもげんいんは、けんかのときの
お父さん、お母さんなんだ。

（金田一清子『子どもの笑顔にあいたくて』新日本出版社）

たくみくんのようにストレスがたまって爆発させたい生活を抱えている子どもたちが低学年から増えています。
おとなしいたくみくんは、ストレスがたまって「一日一回キレたいなあ」という悩み・願望をかかえていたのです。その原因がお父さんとお母さんにあるようで深刻です。

自分

二年　まみ

どうして自分をかえられないの。
おうちでもわるい子だし、
学校でもわるい子なのに。
いつ自分をかえられるの。

早く自分をかえたいなあ。
学校に来たら、すぐつくえの上に
のっちゃうし、友だちにいばっちゃう。
いつもわるい子になっちゃう。

早く自分をかえたいなあ。
（金田一清子『子どもの笑顔にあいたくて』新日本出版社）

「むかつくの、イライラするの、叫びたくなるの」と朝から口をとんがらせているまみちゃんは、習いごとが多く、多忙な毎日を過ごしていました。

静かに自分を見つめる機会をもつと、このような悩みの詩を書いてきました。このような詩に出会うと、思わずだきしめたくなります。

自分

二年　まさき

ぼくは学校では、みんなとなかよくする。
わがままはいわない。
がまんしている。
家に帰るとそのがまんしている心が
いっきにばくはつする。
「何いってんだよ。バーカ」
お母さん、お兄ちゃんに
わがままをいっておこる。
ぼくは二人いる。
どっちのぼくもぼくだ。
（金田一清子『子どもの笑顔にあいたくて』新日本出版社）

学校ではがまんして友だちとも仲よくしている自分と家ではわがままを爆発させている自分、ぼくは二人いる。どっちのぼくもぼくだと悩んでいる。

学校ではまじめで通っているまさきくんが、このような詩を書いたのでびっくり。「どっちのぼくもぼくだ」と、2年生でも、自分の中のすんでいる二人をしっかりと認識しているところがすごいです。

ぼくはおこった

一年　ほそい　ようきち

かん字、プリント、本よみ
そして、日き。
ぼくは、おこった。
「なんで、しゅくだいをやんなくちゃ
いけないんだ。」

おかあさんも、
「そうだ、そうだ。」
といった。
ぼくは、おこって、日きをかいた。

（『多摩子ども詩集』）

1年生から毎日出される宿題もストレスの原因です。お母さんの思わぬ共感の言葉が心にひびくようです。時には、一緒になって声をあげるのもいいですね。1年生の詩の学習で紹介すると、大人気の作品です。

仲直り

五年　奈月

遊びの約束が理由で
三たい三でけんかした。
悪口の手紙こうかん。
悪口の言い合い、最悪だった。
先生がみんなと話し合いの時間を
とってくれた。
相手は三人のうち、たった一人。
仲直りしたかったけど、できなかった。
でも、一人で来るのは勇気がいるのにすごい。

次の話し合いのときは、みんないた！
相手のいやだったこと。
自分が悪かったこと。
相手のいいところ……
みんなで言い合った。
「みんなで、今度遊ぼう。」
と、言ってくれた。
仲直りできて、本当によかった。

（金田一清子『子どもの笑顔にあいたくて』新日本出版社）

その後、「今度、同じようなことが起きたら、自分達の力で解決したい」という感想に接し嬉しい限りでした。「とことん話し合って解決」民主主義の基本です。今の学校の現場でこそ自由に意見を出し合う場を……と願うばかりです。

今の子どもたちの心の中に嵐が吹きすさんでいる。その荒れている子どもたちの心を受けとめていくことから、安らぐ心をとりもどしていく。そこに、子どもたちの平和な心が育っていく。

2 うれしいことがたくさんあるの

子どもたちは、新しいことに挑戦するたびに「できたあ！　やったあ」と仲間に励まされながら、大きく成長していきます。

はじめてできたさかあがり

二年　やまざき　なお

はずみをつけて、えいっとふんばった。
ぐるっとまわったとき、
まわりのけしきがさかさまになった。
やったあ。できたあ。
ぴょんぴょんはねててつぼうのまわりを
ぐるっとまわった。
なつ休みのおわる二日まえになってやっとできた。
毎日、毎日、いたをつかって
れんしゅうしたからな。

きょうは一人だけのさいこうのきねん日。

（『多摩子ども詩集』）

何でもできるなおちゃんでしたが、鉄棒だけが苦手でした。暑い夏休み、毎日練習してきた努力がみのって、ついにさかあがりに成功。その喜びにあふれています。なおちゃんに続け！　とばかりクラスのみんなが頑張り始めました。

ひみつ

二年　たての　ひとみ

あのね、
わたし、ラブレターもらったの。
「きみが　すきだよ。」
と書いてあったの。
うれしい～!?
五十回ぐらい　じゃんぷしたの。
においをかいだら
だれかわかっちゃった。
わたし、はずかしくなっちゃったの。
それがね、
つくえにだいじにしまっておいたのに
その　はへんもないの。
でも、うれしいので
いつもはさわぐのに
あばれるのをがまんしているの。

（子ども詩集　東京の子『ないしょみつけちゃった』東京作文教育協議会・編）

「ねえ、このごろいつもニコニコ何かいいことあったの？」と問いかけると、ひみつを打ちあけてくれたのです。「きみがすきだよ」と相手が自分のことを認めてくれた。自分の存在が丸ごと認められ、受け入れられたのです。このラブレターの威力はすごいものです。

ふつうの人生

四年　前田　快惺

ぼくは、ときどき思う。
いつも、ふつうの人生だな。
ときには、笑い、ときには、おこる。
ときには、泣く。
だから　ふつうの人生。

ふつうに学校へ行き、
勉強している。
いつもと同じ人生を送っている。
いろんなことがふつうだと思う。
ふつうって　平和だな。

（学年詩集「ジャンプ」）

このコロナ禍や、ウクライナの戦争の中で、子どもたちも日々のくらしにいろいろと考えをめぐらしているようです。「ふつう」って平和だな。この1行に実感がこもって胸を打ちます。

自分

二年　ゆきたか

はじめて自分で絵がかけたから、
うれしいです。
いままでかけなかったのに。
なんで前は、書けなかったのかな。

でも、いまは一人で
かけるようになったので、
心がすっきりしました。

（金田一清子『子どもの笑顔にあいたくて』新日本出版社）

自分のことを見つめた「詩」を書きながら、一つ一つ自分のできなかったことをできるようにしてきた男の子です。

「人の描き方のコツ」を具体物を通して教えてあげると、自分の力だけで、絵が描けるようになったのです。自信がついたのかいろんなことに積極的に取り組むようになりました。

転入生は大親友

五年　森田　沙南

五年のはじまりに、保育園からの大大大親友が‥‥　来た。

なんと、同じ五年二組に転入して来た。
心愛に会うのがうれしすぎて、
先生の話が頭に入ってこない。
ついに心愛がろう下に来た。
こうふんしていたから、先生が、
「沙南さん、心愛さんを、むかえてあげてください。」
と言った。
久しぶりの「ハグ」だった。
うれしさが止まらなくて、
心臓が止まるかと思った。
（『多摩の子・多摩子ども詩集』）

「先生、すごいことが起きたの！」と担任でもない私に嬉しそうに報告。保育園からの親友に再び会えたのですから奇跡です。嬉しさあふれる心もようが手に取るように伝わってきます。子どもってすてきです。

子どもたちはうれしいことを体験しながら前に進んでいけるのです。

3　やさしい家族の中で

たくさんの愛のメッセージに包まれて育てられた子どもたちは、自己肯定感があり、友だちにやさしさを分けてあげることもできます。受けとめてくれる人がいると、子どもは心を開き伸びていけるのです。

だっこ

一年　あまの　りょうすけ

あかちゃんをだっこしたよ。
ちょっと、おもくなっていたよ。
だけど、がまんしたよ。
あかちゃんが、目をぱちぱちさせて
いたんだよ。
そのうち、まゆげをよせて
しぶい顔をしたんだよ。
なくとおもったら、ねちゃったんだよ。
おかあさんが、
「すごいね。」
と、ほめてくれたんだよ。
ぼくに、しっかりつかまって
いい気もちでねてるんだよ。

（『多摩子ども詩集』）

赤ちゃんをだっこしながら、表情までじいっと観察するりょうすけくん。お兄ちゃんのうでの中で安心してねむる赤ちゃん。また、一つ大きく成長しました。

おんぶ

二年　すざき　めぐみ

わあ、うれしい。
おんぶしてくれるの?
お母さんがおんぶしてくれた。
お母さんのせなかは
大きくって気もちいいな。
それにやわらかい。
かたにじいっとしがみついた。
「もういい?」
お母さんがおもたそうに言った。
もっとやってほしかったけど、
「いいよ。」
と言ってしまった。

(『多摩子ども詩集』)

お母さんの大きなせなかのぬくもり、気持ちのよい幸せなひととき。「もう、いい?」この一言で夢からさめます。最後の3行が胸にせまります。

おとうと

一年　まえかわ　たけやす

おとうとは、四さい。
ひとりでおふろにはいるんだって。
いつもはぼくとはいっているのに。
すごいな。

なんでだろう。
おとうとが
「わあ、いい気もち。」
と、おふろからでてきた。

（『多摩子ども詩集』）

うでをくんで
「おっほっほ。」
と、にっこりわらった。
ちょっと、せいちょうしたな。

いつのまにかひとりでおふろに入れるようになった弟。その成長をやさしく見守るお兄ちゃん。いい光景ですねえ。

ゆずぶろ

一年　つか田　なおひろ

おかあさんと、おふろにはいった。
おふろの中にゆずをいれた。
ゆずがぷかぷかとういた。
おかあさんがかたまで

ドプンとはいった。
ゆずがおふろからとびでそうだった。
おかあさんと
「いいゆだな」のうたをうたった。

（子ども詩集　東京の子『11年目のランドセル』東京作文教育協議会・編）

ゆずのかおりいっぱいのおふろでおかあさんといっしょに「いいゆだな」の歌。幸せなひとときです。

おばあちゃん

二年　きくち　ななほ

国語のべんきょうで
「あったらいいなこんなもの」
を考えた。
おばあちゃんのことが思いうかんだ。
おばあちゃんは、にんちしょうだ。
おじいちゃんが
「この子だれだ。」と聞いたら
答えが、かえってこなかった。
わたしは、とてもかなしかった。

だから、わたしは
「何でもくすり」を考えた。
どんなびょうきでも
なおってしまうくすりだ。
おばあちゃんに元気になってほしい。
前のように
お花のことや虫のことを教えてほしい。
いつかこのくすりが
本当にはつ明できるといいな。

（子ども詩集　東京の子『先生、こんどはあてて』東京作文教育協議会・編）

にんちしょうのおばあちゃんの病気のことを心配するななほさん。どんな病気でもなおす「何でもくすり」本当に発明できるといいですね。おばあちゃんが、元気になって、また花をつんだり、虫をみたりすることができるようになればいいね。

子どもたちにとって家族との生活は、何よりのやすらぎです。妹をだっこすること、弟の成長、おかあさんのせなか、おふろに一緒にはいること、病気のおばあちゃんの回復を願うこと、すべてが平和な生活です。

4 自然のやさしさ、自然の力

自然の豊かさ、ありがたさにぜひ目を向けてほしいと「自然」とのふれ合いの詩もたくさん書かせてきました。新しい発見がいっぱいです。

雪虫

二年　にいづま　みほ

あっ、雪虫だ。
やっとつかまえた。
はねをもってよくかんさつした。
なんと大はっ見。
あの白いのは毛だった。
中ゆびでそうっと、さわってみた。

雪虫は、ふわんふわんと
なみせんを引くように
とんでいった。
ふわふわだった。
あんまりじたばたするから、
そうっとにがそうとした。

（『多摩子ども詩集』）

空中をふわふわとび回る冬の使いのような不思議な虫。じっくり観察したあと、そうっとにがしたところがいいですね。最後の3行の表現がすばらしいです。

きんもくせい

一年　こばやし　ももこ

うわあ、なあに
このにおい。
きのなかにはいってみたら
きぜんたいがマンゴーのにおい。
きんもくせいがいいにおいだから
あたまにもにおいがついちゃいそう。
ちょっと目をつぶってみたら
もっともっといいにおいがしてきて
ねむくなりました。

（子ども詩集　東京の子『11年目のランドセル』東京作文教育協議会・編）

生活科の「秋さがし」で、すてきなにおいにみちびかれて発見した校庭の2本の大きなきんもくせいの木。きんもくせいの木に体ごと包まれ、幸せな1時間でした。

助けたちょう

五年　本間　実麗

学校に行くとき雨が降っていた。
低学年の子たちが集まっていた。
見てみたら、ちょうがいた。
羽がやぶれていて、弱っていた。
雨でとべないのかな。
みんなで下じきに
ちょうをのせようとしていた。
でも、のらなかった。
あきらめて行ってしまった。
このままじゃ、かわいそうだ。

わたしが
ちょうの前に手を出したら
ゆっくりのってくれた。
学校についたら
すぐ理科室に行った。
「外に返しておくのがいいよ。」
と言われたので
窓の下の
ぬれないところにおいた。
だいじょうぶかなあ。

（『東京の子』）

低学年の子どもたちがちょうを助ける様子をそうっと見守るやさしい目。最後は自分の手で。「だいじょうぶかなあ」と気づかうやさしさあふれる一連の行動に感動します。

すず虫のたまご

二年　玉枝

「あっ、ちょっとみんな来て」
お父さんがさけんだ。
みんながとぶように走っていくと、
すず虫がたまごをうむところだった。
おしりから、ほそ長いトンネルを
のばして土の中にさしこんでいた。
しょっかくを、ぶるぶるふるわせて、
くるしそうな顔。
ほそ長いトンネルから、
びゅ、びゅ、びゅびゅっと、
たまごを出して土の中にばらまいた。
白くて、まん中にすじがついていて
こめつぶのようだ。
みんな、目を丸くしてじっと見ていた。

（金田一清子『子どもの笑顔にあいたくて』新日本出版社）

すず虫の産卵の瞬間を家族みんなで見守る姿。「しょっかくを、ぶるぶるふるわせ」る様子、たまごが「びゅ、びゅ、びゅびゅっと」生み出される瞬間、鋭い観察眼がさえわたり、発見がいっぱい。感動的な詩を生み出しました。

雪虫やキンモクセイにむけられた感動、チョウチョへのやさしさ、そして、鈴虫の産卵をみるおどろき、それらが人間を見るやさしさになっていくのでしょう。

5 たいせつな命と戦争のない日本

低学年のうちから「ぼく、どうせダメな子だもん」「ぼくなんて何もできないもん」「ぼくなんか死んじゃえばいいんだ」……と、自己肯定感が持ちにくい子どもたちを目にすることが多くなりました。そんな子どもたちが「自分が大好き」「このかけがえのない命を大切にしたい」と少しでも思えるようになったら……と願います。

(1) 親と共に創るいのちの授業

「生んでくれてありがとう」「生まれてきてくれてありがとう」

数年にわたり、年3回学校全体で「生命尊重」をテーマにした授業を行いました。

1年生では「大せつないのち」と題して取り組むことにしました。

保護者には、前もって「子どもたちへの手紙」を用意してもらいました。

授業の流れは、

・なんの音？（胎児の心臓の音）
・なんのたまご？（針の穴のような人間の卵）
・どんなふうに大きくなってきたの？（3カ月・6カ月・10カ月のお腹の中の胎児の絵）
と進め、最後は、おうちの人からの手紙（生まれたときのこと、名前の由来、あなたの好きなところ）を読み感想を書くという組み立てでした。

大せつないのち

一年　まきと

ぼくは、おとをきいたとき、しんぞうは、こんなおとなんだってわかって、うれしいです。にんげんのたまごは、こんなにちいさいとは、おもいませんでした。ほんとうにいいべんきょうでした。ぼくは、おかあさんにだいじにされてうれしいです。うれしなみだがでました。ほんとうにいいべんきょうなので、もういちどやりたいなとおもいました。ほんとうにいいべんきょうでした。

トラブルメーカーのある男の子がこの授業にいたく感動してこのような感想を書き、発表。大きな拍手を受けました。
「良いところも悪いところも丸ごと大好き」などと書かれたおうちの人からの手紙は、愛メッセージがいっぱいで、子どもたちの心をとらえました。

大せつないのちのべんきよう

一年　ゆり

どうとくで「大せつないのち」のべんきょうをしました。あかちゃんがおなかにいたときのしんぞうのおとをききました。すごく力づよかったです。

おなかにいたときのたまごは、すごく小さくて、はりのあなみたいでした。あかちゃんは、三カ月で十センチ、六カ月で三十センチ、十カ月で五十センチと大きくなっていくことがわかりました。さかさまからうまれるのがふしぎでした。

おかあさんからの手がみをそうっとひらいてみたら、さいしょは、わたしがうまれたときのことがかいてありました。

「おかおがとっても小さくて、小さいからだをいっぱいうごかして、げんきいっぱい」とかいてありました。なまえは、女の子らしくかわいいなまえをつけてくれました。「あかるくて、げんきで、かっぱつなところと、はずかしがりやでなみだもろいところも大すき」とかいてくれて、すごくうれしかったです。よんでいて、目になみだがじゅわあっとでてきました。ぜったいわすれられないおべんきょうです。

これからも、いのちを大せつにしたいです。おかあさん、うんでくれてありがとうございます。おもいだすと、いまでもうれしなみだがでます。

「あのどうとくの授業のこと作文に書きたい」「ぜったい忘れられない学習」として、子どもたちの心の中に残ったこと、とても嬉しく思いました。

（2）戦争なんて二度と起きないでほしい

6年生の歴史学習で、子ども達から出された課題の中で一番の関心事は「なぜ、この日本で戦争が起きたのか」と「原爆が落とされたりした中で、戦後人々は、どうやって立ち上がっていったのか」でした。

今の平和な日本で生きる子ども達にとって、ほんの七十数年前に戦争があったという事は、写真や資料等をもとに学習してもなかなか理解しにくいようでした。戦争の真実を語る「語り部」が少なくなりつつある今、学年で「原爆先生」という語り部の話を聞く機会を得たのです。

軍人として原爆投下直後の広島に入り作業する中で被爆した父親の遺志を継ぎ、その体験を原爆の語り部として、あちこちの学校で語っている方です。

ふだんの授業では、なかなか集中できないといわれていた子ども達が90分間身じろぎもせず聞いていたのです。

「今日教えてもらったことをぜったい忘れないで生活していきたい」

「すごく心に残ったのは、数えきれないほどの死者と『助けて』という声です。もう二度と戦争が起きないでほしい」等、子ども達からの感想からも強く心に残ったことがわかります。

原爆はすごくおそろしい武器だと分かった

六年　昭二

原爆のことは、国語や社会の時間で習ったけど、今日は本当に体験した人の話をもとに、もっと細かいことまで知れてよかったです。池田さんの話の前半を聞いている時は内容がとてもひさんで暗い気持ちになりました。原爆は中心温度が百万度で衝撃波は全てをこなごなにして助かった人も放射線のえいきょうで後から病気にかかってしまうというのは、すごくおそろしい武器だということが分かりました。池田さんのお父さんが軍用トラックで進んでいた時、被爆者がトラックに乗ろうとしたので手をさしのべたけれど、皮がはがれて下に落ちてしまったときと、元安川の水が蒸発して中に逃げこんだ人が積み重なって死んでいたという所が一番いやな場面で胸がつぶれそうでした。

最後に池田さんたちが原爆資料館に行って、被爆者の模型を見たときに池田さんのお父さんが「こんなきれいじゃない」といったという話に、原爆のい力はすごいものだとおそろしくなりました。

（子どもの感想より）

憲法九条の「戦争放棄」は子ども達の心を大きくとらえました。それを変えようとする「戦争する国づくり」への流れを子ども達のためにも絶対にストップさせなくては……と強く願うこの頃です。

小学3年生が「平和教材」の学習の後で次のような詩を書いてくれました。

ぼくの国

三年　けい

日本は、しあわせな国でよかった。
だって、ほかの国は
せんそうとかしてるんだもん。
日本は、前せんそうしていたけどまけて、
日本をしあわせな国にしたかったのかな。
せんそうの人ごろしがいやになったのかな。
「ちいちゃんのかげおくり」のちいちゃんも

「ほたるのはか」のせつ子も
みんな小さいのに
せんそうで死んでしまった。
日本は、もうぜったい
せんそうはやらないって、きめたんだって。
日本に生まれてよかったな。

（金田一清子『子どもの笑顔にあいたくて』新日本出版社）

学校では、教科書の「平和教材」は少なくなりましたが、「日本はしあわせな国でよかった」憲法九条がかろうじて守っている平和がこの国で生きている実感、子どもの目にしっかり映っていることを確信し、嬉しくなりました。

おわりに

「このコロナ禍で共感すること、共同で取り組むこと、体温を感じる触れあいが極端に少なくなった3年間、授業でも討論、意見を交わして課題を追求していくことがなかなかできにくい。ましてや批判や反対意見は出しにくい。授業や行事でも書く場面はあるが教師が望んでいることを意識して書くので本音からはほど遠いものに……。良い子であることを強要される学校スタンダード等々。」これは、ある研究会で出された子どもたちの実態の一部です。

そんな中で、学びの本質をおさえ、認識と感性の発達を保証する教育活動を細らせてはならないと、子どもから出発した創造的な授業づくりに挑戦する実践例もたくさん出されました。

今、子どもたち自ら自分の頭で考え、主体的に行動し、「それはおかしい」「なんとか変えてほしい」など、発信することが、とても大切なことだと思っています。

今でも、現場で詩の授業を行っている私は、6年生の女の子のこのような詩に触れることができました。

最大の危機

六年　松本　雅

私は今、最大の危機におちいっている。
それは……
スカートをはかなければならないことだ。
中学生になると制服で
スカートをはくことになる。
ガチではきたくない。
今までずっとズボンをはいてきた。
マジ、ヤバイ……本当にヤバイ……

お母さんがガチギレしたときよりもヤバイ。
どうすればよいか考える。
いっそ男になっちゃおうかな。
イヤ、さすがにそれはダメだ。
そんなことを考えているうちに
どんどん時が過ぎていく。
私は今、最大の危機におちいっている。

（『多摩の子・多摩子ども詩集』）

この詩を書いた雅さんは、今まで一度もスカートをはいたことがなかったそうです。この詩に出会ったとき、なんとかならないものかと気がかりでした。

ところが、次の詩の授業の時「危機かいひ」という詩を書いてくれたのです。

何と、新入生説明会の当日、担任のお骨折りもあって制服採寸前に、お母さんと一緒に中学校の校長先生と話し、ズボンがＯＫとなったというのです。その行動力のすばらしさ実に見事です。「私の頭の中はダンスをおどるくらいうれしかった」はその詩の一節です。子どもの切なる願いがかなえられたのです。こんな嬉しいことはありません。

今、教育現場で、「平和教育」を行うにはなかなかきびしくなってきています。３月10日は東京都の「平和の日」です。このような機会をとらえて若い先生が「えんぴつびな」の読み聞かせをしていました。すばらしいことだと思います。

今、「あらたな戦前」といわれています。「教え子を再び戦場に送るな」の言葉が現実味のあるものになっています。いのちと平和の尊さを子どもたちに伝えることは、大切な課題です。

憲法九条の「戦争放棄」は子どもたちの心を大きくとらえています。それを変えようとする「戦争する国づくり」への流れを子どもたちのためにも、絶対ストップさせなくては……と強く願うこの頃です。

第Ⅳ章　ぼくも、わたしも、平和な社会で生きたい

西條昭男

はじめに——なにげない日常の一コマ

なにげない、当たり前の日常に「平和」という文字を照射すれば、その一コマ一コマがかけがえのない愛しい光景として浮かび上がってきます。

ロシアのウクライナ侵略によってウクライナの人々は、その当たり前の日常が破壊され、家族や友人知人を亡くし、故郷を逃げ、夢や希望を消滅させ、絶望と悲しみのなかにいます。

ぼくも、わたしも、平和な社会で生きたい！

ウクライナの子どもはもちろんのこと、世界中の子どもたち共通のねがいです。

改めて問う。

平和ってどんなこと？

1　平和ってどんなこと

子どもたちが綴る壊されてはならない日常の暮らし。

（1）ここにいてほしい人が、ここにいる

㋐やさしく、温かい家族がいる

おかあさんってよんでいい
二年　まみ

おかあさん
おかあさんって　よんでいい？
おかあさんって　よびたくなる
先生も　おかあさんって
言うとき　ある？
まみ

何もようじないのに
おかあさんって
ゆいたくなるとき　ある
だって
おかあさんって
いいなまえだもん

だから　言いたくなるの
（『京都子ども詩集』京都綴方の会編　石澤雅雄学級）

どんなにしたって、こんなすてきな詩は大人には書けません。おかあさんの愛に包まれている自分を感じながら、おかあさんってよんでいい？　と心の中でつぶやいているまみさんは幸せです。ウクライナの子どもたちは今、どんな気持ちで、どんな声で、「お母さん」とよんでいるのか。

さっちゃんのずるいさくせん
2年　ひろゆき

さっちゃんが、
「父さん、おかたをたたきましょ、
　タントン　タントン。」
と歌いながら　お父さんのかたをたたいてた。
たのしそうにたたいた。
お父さんは　気持ちよさそうに
力をぬいていた。
今度は　お父さんのかたに　のって
「父さん、おかたにのりましょう、
　よいしょ、よいしょ、よいしょ。」
と歌わはった。
それを見て、お母さんとぼくが、
「はっはっはっ。」
とわらった。
ずるい歌とずるいことしよるわあと思った。
でも　ぼくも　まねをしようかな。

（学級文集・「なかよし」）

妹のさっちゃんの可愛らしい歌声が聞こえ、お父さんの肩に乗っている姿が見え、お母さんとひろゆきくんの笑顔と笑い声が聞こえてくる家族の団らん。平和だからこそ、温かな日常のくらしがあります。ウクライナの家族に安らぎと団らんが訪れるのはいつの日のことか。

㋑わかり合い、支え合う友がいる

うれしなき

小二　ゆうすけ

二年生の七人が、
まりちゃんをいじめていた。
ぼくは、
「まりちゃんかわいそう。」
と思いながら、そうじをした。
長田先生に、昼休みに見たことを、
ぜんぶ話した。

先生が、五時間目の前に、
みんなにそのことを話した。
みんな、ぽかあんとしている。
まりちゃんも、
「あっ、そのこと。
うちぜんぜん気にしてないでえ。
あそびよったんやもん。」

とわらって言った。
「ゆうすけくん、ありがとう。」
と言いながら、
まりちゃんはないた。

「これが、本当のうれしなきです。」
と言った。
ぼくもつられてないた。

（村山士郎編、小泉るみ子画『いじめのきもち』童心社刊）

いじめられていたのに、ホントは辛いのに、気にしてないよ、遊んでいたのだと笑って言ったまりちゃん。だが、手をさしのべてくれたゆうすけくんにはありがとうといって泣きます。本当のうれしなきだと。２年生の少女の微妙な心理と喜び、そして繊細な心遣い。つられてないたゆうすけくん。分かりあう友だちがここにいる幸せ。

友だち

五年　進

ぼくは三かい転校してるから
ぼくはいろんなとこに
友だちがいる

でも
わすれているかもしれない
おぼえていてほしい

（西條昭男『心ってこんなに動くんだ』新日本出版社）

進君は1年生の入学を前にして、両親の離婚で、母親・兄とともに転居し、他校へ入学しました。その後2回転校し、5年生になって、母や兄と別れ、たったひとりで父親と祖父母の元へ戻ってきました。明るいひょうきんな子の心の奥に秘めた別れてきた友への切ない思いと悲しみ。幼稚園から一緒だった幼馴染のまさし君は、「ぼくは進君の書いた『友だち』という詩がすきだ。進君の詩には、思いや気持ちがあふれるほどつまっている」と、心を寄せます。

愛ちゃんといっしょに卒業する

六年　恵美

一年生のころ
初めて愛ちゃんを見た。

めがねのおくから
みんなを見ている。

「なに　あの人。」

「うわっ、ちょっと……。」

「きたないな、鼻たらして。」

みんな笑った。

わたしも笑ってた。

四年生、
転校して
また翔鸞校にもどってきたわたし。
みんなどんな顔するやろ、
からかわれへんか、
いろんな不安をもって

教室でみんなの前に立った。
あの愛ちゃんがすわっていた。
あっ、
愛ちゃんが笑っている。
丸い顔を　くしゃくしゃにして
赤いほっぺを
もっと赤くして
わたしに笑ってくれた。
わたしも笑いかけた。

五年生、
はく息が白くなる雪の日も
手がしびれそうな風の強い日も
二人いっしょに学校へ行った。
けん玉で遊びながら歩いたり、
こおった道の上をすべっていったり、
二人で楽しく学校へ行った。

わたしと愛ちゃんの楽しみだった。

もう六年生、
もう卒業、
愛ちゃん、
愛ちゃんは飼育委員会の仕事、
がんばったね。
白いニワトリを大きい声で
おこっていたね。
三年生のころは
なわとびが一回もとべなかったのに
今では二十回もとべるようになったね。
仲良しマラソン、
鼻の頭に　あせをいっぱいかいて
がんばって走ったね。
いやなこともあったね。
「あいぼ」とかいわれて　からかわれて

下を向いて　おこっていたね。
でも、今
「六・いの一員」ときいて
笑う人はいない。
組み体そうもいっしょにしたし、

スキーもいっしょにすべって笑った。
そして、今
愛ちゃんは　卒業する。
わたしといっしょに卒業する。
みんなといっしょに卒業する。

（西條昭男『心ってこんなに動くんだ』新日本出版社）

愛ちゃんは明るい子。普通学級に通うダウン症児で大きな笑顔が見える女の子でした。３年生から6年生までの４年間筆者が担任。学ぶことが多く、何よりも筆者自身が人間らしくなれたような気がする４年間でした。その間、学級の子どもたちとの間に数々のドラマがありました。

恵美さんは親の仕事の関係で４年生で再転入してきたやさしい女の子でした。始業前の職員室。机上で授業の用意をする筆者の背後で、トントンと窓ガラスを叩く音がします。振り向くと、登校してきた愛ちゃんと恵美さんが中庭からニコッと笑って「おはよう」。愛ちゃんが恵美さんを誘っていつも二人で楽しそうに登校してくるのでした。

卒業を前にして生まれた詩。書き上げた詩は、最後から2行目の「わたしといっしょに卒業する」で終わっていました。「わたしと」の横に「みんなと?」と書いてあり、まよっていますと添え書きがありました。どちらにするか。迷うぐらいにどちらもうれしいのなら、どちらも書けば？　と言うと、恵美さんは、はっと気がついたようににっこり笑うと、最後の1行を書き加えました。

卒業式でこの詩を恵美さんが朗読しました。式場は静かな感動につつまれました。

㋒希望を語ってくれる先生がいる

　先生ありがとう
　　六年　女子
私にかいてくれた　赤ペン
なみだがでるくらいうれしい
本当に
当たり前のことかもしれないが
ひさしぶりだから
こんな　やさしい言葉

（『京都子ども詩集』京都綴方の会編　青笹哲夫学級）

日記に返事を書いてくれた先生への返事。「なみだがでるくらいうれしい」と書く12歳の少女。どんな寂しさ辛さを抱え込んでいたのでしょう。こんなに切なく優しさを渇望していたのか。少女の顔を思い浮かべる先生と先生の返事に希望の灯をみる少女。

ぼくは　とくまる先生でよかったと思います

三年　そら

それは、とく丸先生が
きびしそうで、
やさしそうで、
おもしろそうだからです。
そして　とく丸先生は、
みるだけでもいい気もちになります。
とく丸先生、
ぼくのたんにんの先生になってくれてありがと
　うございます。

（京都市つづり方の会・得丸学級）


4月担任発表の日。何でもいいから、思ったこと書いてくれる？

1行、1行に込められた意味を汲み取ってほしい。子どもが好きな先生って　こんな先生なんだ！

最高のほめ言葉をもらって、とく丸先生、ますます張り切ってしまいますね。

爆弾で破壊されたウクライナの学校にも、こんな子どもたちと先生の出会いがきっとあったはずです。

（2）美しい自然がある　青空によびかける

ネコヤナギ

四年　十紫子

川のふちへ
ネコヤナギを　とりに行った。
じゃかごが　いっぱい　しきつめてあるところ
へおりた。
やっぱり
ネコヤナギの木のえだに
むくむくと　白い毛が見えた。
木につかまって　よいえだをとった。
ネコヤナギを指でさわったら
つるつると　いいきもち。
下を見たら、
川が生きもののように　どんどん　流れていた。
日の光が　まぶしい。
風はつめたいが
もう春が　ちょっぴり　ちょっぴり　来ている
んだ。

（学級詩集「たけのこ」）

早春の息吹を体感する喜びの詩。美しい自然がここにあります。ウクライナの自然はどうなっているか。森は、川は、小鳥たちは……。ウクライナの子どもたちは爆弾から逃れて暗い地下室に潜む。春の芽吹きに心はずませることもなく。

青い空――校舎の屋上から――

三年　としお

おーい、見て、見て、青い空。
しょくん、みたまえ、
このいいきもちの空を。

やっほーうー、空。
屋上から見ると
心がしみとおるようにきもちがいい。

（学級文集「よいしょ」）

ぐずついた天気が何日も続いた後、――ああ、今日はいい天気だ、校舎の屋上へ。ぐるぐる走り回って、追いかけっこして遊んで、みんなで大の字になって寝転んだ。ほかほか背中があったかい。平和な青空にはミサイルも戦闘機も飛んでこない。

（3）ぼくもわたしも　のびのび生きたい
――自由、輝くひとみ、はじける命――

エビガニ

二年　よしゆき

ぼくが　エビガニ（ザリガニ）を見てたら、

エビガニが　さか立ちしたし、

ぼくは　うれしくなって

ぼくもさか立ちを　しました。

（西條昭男『心ってこんなに動くんだ』新日本出版社）

教室にエビガニを飼っています。登校すると、すぐそのエビガニと遊ぶ子ども。「えっ、ぼくもさか立ちしたん？　やってみて」えいっとばかりにみんなの前で逆立ちして、ニコッと笑ったよしゆきくん。はじけるような子どもの世界。

海遊館のアジ

四年　明大

大きな岩の周りを
すごいスピードで
追いかけっこしてるみたいに
すごい数のアジが回っていた。
なぜ、アジは水そうの中をぐるぐる回るのかな。
水そうの中は楽しいか。
水そうの中は　たいくつか。
やっぱり　広い海の方が楽しいやろ。
ぐるぐる回って　エサを食べるだけより、
海の中を競走してる方がいいやろ
小さいのは、むれから　はぐれて　まよってい
て、
すごいスピードで泳いできたアジに
ぶつかって気ぜつしたりしてた。
やっぱり、広いところで泳ぎたいやろ。

（西條昭男『心ってこんなに動くんだ』新日本出版社）

「広い海の方が楽しいやろ」と書くとき、この子の脳裏では、広い海でアジが泳いでいるのでしょう。「広いところで泳ぎたいやろ」と問いかけることは、自分はそういう生き方をしたいと思うから。自由に生きる！　大勢の大人や子どもたちが大水槽の前で「すごい、すごい」と感嘆の声を発している傍で、生きるものへ本質的な問いかけをしている10歳の少年。

どんどんのびるヒョウタン

四年　育美

ヒョウタンクン、
きみはなぜ、そんなにのびられるんだ？
バネみたいなマキヒゲを金あみにまきつけながら
右へ左へとのびていく
いったいどこまで大きくなるんだ？
そして　いつ実をつけるんだ？
すくすくすくすく

まるで人間がはしごのてっぺんへ登るように
マキヒゲをしっかりまきつけて
空へのぼっていくように
ツルレイシと競争しているみたいに
次々に葉を出して
その葉を大きく広げている
小さなつぼみも作って
ヒョウタンクン、どんどんのびていけ！

（西條昭男『心ってこんなに動くんだ』新日本出版社）

ヒョウタンのツルが生き生きと上へ上へと、空へのぼっていくように伸びている様子をほほーっと感嘆の思いで見ています。生きるエネルギー、溢れる命。ヒョウタンよ、伸びたいだけ伸びていけ！

わたしも思いっきり伸びていくよ！

2　平和なときだからこそ、戦争と平和を学ぶ

戦争に行ったおじいちゃん

長野県　小六　樋口武伸

おじいちゃんが
目に涙をため
手にちり紙を持って
身をのりだすように
テレビを観ていた。
中年の男の人が

涙を流しながら
何かしゃべっている。
中国残留こ児のテレビだった。
おじいちゃんは
重機関銃隊で

中国へせめに行った。
敵との戦いの中で
畑をむちゃくちゃにふみつぶし
村や家を焼きはらい
人まで殺した。
大軍に囲まれて
あぶない時も、あったと言う。
話すおじいちゃんの額には
汗が出ていた。

ときどきぼくを呼んで
戦争の時の写真をみせてくれる。
「これがおじいちゃんの入った連隊だ。」
「これが隊長だ。」

ほこりげに言う。
おじいちゃんの顔は
何かにこにこしている。

テレビを観て涙を流し、
「戦争はいけねえだ。」
と言っているおじいちゃん。
でも
おじいちゃんの戦争の話を聞くと
少しはよかったこともあったように聞こえる。
ぼくには
おじいちゃんの気持ちがよくわからない。
戦争は
絶対にいけないことなのに。

(出典：日本作文の会編『子どもたちの日本国憲法1』新読書社)

少年の真っ直ぐで曇りのない目と耳は、おじいちゃんの心の中をさぐっています。「戦争はいけねえだ」といいながら、誇らしげに連隊の話をするおじいちゃんに戸惑っています。「戦争は絶対いけないことなのに」と。

2015年9月、安倍内閣は集団的自衛権の行使を可能にする安全保障関連法を強引に成立させ、2022年12月、岸田内閣は敵基地攻撃能力の保有を閣議決定し、大軍拡の道を歩もうとしています。テレビ画面の首相たちを子どもたちはどのように見ているのでしょう。

戦争とは何か。平和とは何か。

平和な時だからこそ、子どもたちと戦争と平和を学ぶことを大切にしたいものです。

（1）それでも、戦争反対って言う人、いいひんかったん？

子どもが発した言葉に、はっとさせられることがたびたびあります。

6年生の社会科歴史の授業。――十五年戦争の学習。治安維持法の下、戦争反対と言えば捕まった。人々は恐れ、自由に思ったことを言えなかった――。

そんな授業をしていたときのことです。「先生、それでも戦争反対って言う人、いいひんかったん？」授業も終わりごろになって一人の男の子が手を挙げました。ちょっと不満そうな顔つきです。

いい質問です。宿題にしました。そしておよそ次のようにノートに書かせました。「○○くんが、治安維持法があったけれど、それでも戦争反対と言う人はいなかったのですかと先生に質問しました。そこで今日の宿題は、それを家の人に聞いてくることになりました」（ノートを必ず家の人に見せてからす）。

翌日、子どもたちは勢い込んで報告しました。「反対って言う人はいはった」「少なかったけど、いはった」と口々に言いながら、その表情はどこか安心したような、やっぱり思った通りだったとでも言いたそうな明るさを感じさせるものでした。子どもたちにしてみれば、みんながみんな、理不尽の前に沈黙するなんて許されないのです。それが子どもです。子どもは戦争が嫌いなのです。

中には拷問で殺された小林多喜二の名を教えてもらっている子もいました。（教科書には多喜二は載っていませんでしたが）多喜二についても、６年生の子どもに語ることができました。

さて、子どもは戦争が嫌いなのですと先に書きましたが、一方で勇ましくカッコいいものに魅かれるのも子どもです。そこにつけこんであの手この手で子どもたちを取り込む作戦が展開されています。報道によると２０１７年「４月23日、熊本では、自衛隊ブルーインパルスの空中デモ飛行に二の丸公園では約６万人の観衆が詰めかけ」「４月29日、厚木基地で開かれた基地開放イベントでは、――軍用ヘリコプターの機銃を子どもを含む来場者が触って」いました。戦争と結び付けられずに、カッコいいと憧れる子どもたちが出てきて何の不思議もありません。「ボク自衛隊に入るっ」。そのとき慌てるのはダレで、にんまりほくそ笑むのはダレか。

中学校体育の武道に「銃剣道」が採用されます。自衛官出身の自民党議員（日本会議）が、自衛官ＯＢや仲間の議員、支援者たちを使って文科省に働きかけた結果です。「銃剣」は銃の先に剣を付け、相手を突き殺すためのもので、「銃剣道」は旧日本軍の戦闘訓練に使われていたもの。現在自衛隊の戦闘術。指導出来る者は自衛隊員かＯＢに限られるので、彼らが講習会で体育教師たちに指導法を教えるか、または外部講師として直接学校へ来て、子どもたちを指導することになるでしょう。おお、軍事教練！

現在、戦争する国づくり作戦が進行中です。10年後、20年後の子どもたちが大人に詰め寄る姿を想像したくありません。

「それでも、その時、戦争反対って言う人　いいひんかったん？」。

（2）ここがヒロシマ

6年生の修学旅行。新幹線で広島駅に到着。駅前広場に出て整列していたときのことです。

「先生、ここが広島やな、ここが」

前に立っていた私のところへ、列の後ろからやってきて和樹君が言いました。

「そうや、ここが広島や」

「ほな、ここに人が倒れてはったかもしれへんな、先生。原爆にやられて」

そう言って近くの植え込みを指差しました。すると横にいた小柄な健史君も、私の足元を見て指差して言うのでした。

「先生、先生の立ってるここでも倒れたはったかも」

原爆ドームへ引率して、平和のつどいをすることに気をとられていた私ははっとしました。（子どもたちは体で広島をつかんでいる、広島の地に立つこと、そのことが何より大きな意味をもつことだったのだ）と。

平和なにぎわいを見せる広島の街を目の当たりにして、子どもたちは口々に「信じられへんなあ」と言って顔を見合わせていました。そうです、ここがヒロシマなのです。

事前の平和学習で、家族や親戚の人から戦争や原爆の話を聞く取り組みをしましたが、戦争を語り継ぐ人がどんどん減っています。ところが一人おられました。和樹君のおばあちゃん。和樹君が、近所に住んでおられるおばあちゃんに聞きに行くと、なんと、おばあちゃんのお姉さんとその子どもさんが原爆で亡くなっておられました。

初めて聞く話に、びっくりした和樹君が、それをクラスのみんなの前で発表しました。日頃にぎやかな子どもたちもシーンと聞いていました。戦争や原爆は遠い昔の遠いところの話ではなかったのでした。

その後、学級懇談会に和樹君のおばあさんが出席されました。「子どもらには、戦争はいかんとしっかり教えないといけません」——何度も何度も繰り返されていたのが印象的でした。

今、京都からヒロシマへの修学旅行がどんどん他の地へ変更させられています（費用がかさむなどを口実に）。8月は平和の月。子どもたちに平和と命の大切さを。

小さきあたまの骨あつまれり

8月6日8時15分、広島に原爆が投下され、8月9日11時2分、長崎にも落とされました。一瞬のうちに二十数万の尊い命が地上から消え去り、被爆し生き残った人々もやがて次々に放射能で死にゆき、或いは何十年も放射能で苦しみながら生きてゆく運命を背負わねばなりませんでした。

今年も晴天の空の下、広島・長崎の平和記念式典が行われました。白いテントの数々、鎮魂の花々、祈りの灯、参列者の椅子が整然と並ぶ会場。75年前のあの日あの時、その場で、或いはその町・学校でどんな惨状が繰り広げられたのか。

刻み込まねばならない史実を「短歌」と「子どもの詩」に見ていきましょう。

太き骨は先生ならむそのそばに小さきあたまの骨あつまれり

（正田篠枝／原水爆禁止広島母の会『ひろしまの河』1961年、初出『昭和萬葉集』巻7「さんげ」1947年）

「太き骨」のそばに「小さきあたまの骨」が集まっているのを見た歌人は先生と子どもたちだと直感します。それと分かる学校の焼け跡だったのか、それとも、「太き骨」と「ちいさきあたまの骨」から学校の跡だと推察したのでしょうか。先生のもとにわっと集まった子どもたちが、先生といっしょに火炎に包まれる地獄絵を見据えています。

作者の正田篠枝は35歳で広島市内で被爆。53歳で原爆症による乳がんと診断され、2年後の1965年死去。「原爆歌人」として知られ、原爆症で苦しみながらも、1959年、「原水爆禁止広島母の会」の発起人となります。

次に紹介するのは、詩集『原子雲の下より』（1952年9月発行・峠三吉編集）から。

弟

小学5年　栗栖　英雄

いたといたの中に
はさまっている弟、
うなっている。
弟は、僕に
水　水といった。
僕は、
くずれている家の中に、

はいるのは、いやといった。
弟は、
だまって
そのまましんでいった。
あの時
僕は
水をくんでやればよかった。

死んでいった幼い弟は哀れです。だがそれを見ていた幼い兄もまた哀れというほかありません。あれから7年経ち小学5年になった兄の英雄くんは「あの時　/僕は/水をくんでやればよかった」と悔やみます。自分を責めているのです。英雄くん、キミは自分を責めなくもよいのです。誰が英雄くんを責めるものか。責められるべきは原爆であり、戦争であり、戦争を引き起こした人間たちです。

原爆で死んでいった人々がいます。
それを眼前で見ていた人々がいます。
そして、
それを書いた人々がいます。
それらを編纂した人たちがいます。
後の世の人々が原爆NO！　を深く心に刻むことを願って。

（3）文学作品『お母さんの木』小学5年国語

はやく戦争というものを　この地球上からなくしてほしい

『おかあさんの木』（大川悦生作、ポプラ社刊）は、1969年発表の戦争を題材にした文学作品。小学校5年国語教科書（「教育出版」「日本書籍」）にも1977年から2000年にかけて「お母さんの木」として掲載されていました。あの戦争は、侵略戦争であり、国民がこぞって反戦の声を上げておれば戦争は防げたのでは……、とお母さんが語りかける、平和教材の中でも出色の作品です。

【概要】＝7人の息子たちすべてを戦争にとられたお母さんは、それぞれに桐の木を植えて無事を祈った。だが、息子たちは中国大陸や太平洋の島々、沖縄、特攻で戦死。敗戦後、ただ一人行方不明だった五郎が家へたどり着く。その時にはお母さんは五郎の木にもたれて亡くなっていた。

長男一郎の戦死の公報が届く場面と授業の感想文を見てみましょう。

「――ところが、ある日、その木はなんの変りもなかったに、役場の人がだまってやってきて、一郎が中国大陸で、

メイヨノセンシヲトゲラレタ

という知らせをくれた。――お母さんは――「ご苦労さまでござんした。あの子が、お国のお役に立てて、うれしゅう思います。」と言いなさった。――お母さんは、人前では、なみだひとつぶこぼさんかった。でも、おそう式がすんで、親類や近所の人がもどってしもうと、こらえきれんように、うらの空き地へとんでいった。――「今だから言うよ。おまえが、お国のお役に立てて、うれしいなんて、本当なものか。戦争で死なせるためにおまえたちを生んだのではないぞえ。」

■「ご苦労さまでござんした……、と言っているお母さんのかっこうが目にうかぶ。きっとふかくふかく頭を下げて、その下で泣きそうな顔をしていて、役場の人が出ていくまで頭を下げていたんだと思う。そんなことをさせる戦争を起こした人は見てるだけ。人が死んでも、ああ、そうか。こんな中でお母さんは子を産んで不運だったと思う。頭を下げながら、きっと心がキュウキュウいっているだろう。」（博司）

■「今、わたしが思っていることは、戦争で命をとり、日本の国民の口までうばうなんて、戦争というのは、命をとり、外国の町や村をとるだけかと思っていたけれど、日本の国民の口までうばうなんて、ひどいと思った。お母さんは戦争に口をうばわれた一人で、もしも、「ご苦労さまでござんした。あの子が国のお役にたてて、うれしゅう思います」と、いわなかって、本当のことをいっていたら、役場の人に「戦争に協力しない非国民だ」といわれていたと思う。だから、お母さんは、自分がこらえきれる所までこらえて、人がいなくなると、泣いてしまったと思う。

なぜ、戦争なんかするのか。

外国の人々や、日本の国民まで苦しめなくてはいけないのか。わたしはもう、一生戦争をしてほしくない。」（美保）

■「——戦争というものはおそろしいものだと思った。——はやく戦争というものをこの地球上からなくしてほしいと思う。」（裕）

物語では、一郎の戦死を境にお母さんの言葉が変わって行きます。

「みんなのむすこや、父さんたちをたくさん死なせ、外国の町だの村だのを取ったって、なんのいいことがあろうかの。早く、戦争やめて、なかなおりすればいいに。」

「――日本じゅうの、父さんや母さんたちが弱かったんじゃ。みんなして、むすこを兵隊にはやれん、戦争はいやだと、いっしょうけんめい言うておったら、こうはならんかったでなあ。」（傍線筆者）

先にも書いたように、かの戦争は侵略戦争であり、国民がこぞって反戦の声を上げておれば戦争は防げたのでは……、とお母さんが語りかける『お母さんの木』は平和教材の中でも出色の作品。2000年以降、どこの教科書にも掲載されていないのが惜しまれます。どんな経過で不掲載になったのでしょうか。ぜひ復活掲載してほしいものです。

（学級文集『糸車』）

（4）十五年戦争で、日本はアジア諸国民に何をしてきたのか
――「日本へ連れて来られた中国人」（花岡事件）小学6年社会

小学校6年社会科学習。十五年戦争。秋田県花岡鉱山に強制連行された中国人労働者は、飢えと過酷な労働で死者100人を超え、ついに1945年6月30日深夜一斉蜂起し、山に逃げ込むが、翌朝にはほとんど捕まえられ厳しい拷問をうけます。

資料「日本へ連れて来られた中国人」。その一部を紹介しましょう。

「リュウさんは1944年、（昭和19年）6月、妻と畑でムギ刈りをしているところへやってきた日本軍につかまえられました。そして、チンタオから船に乗せられ、下関から鉄道で秋田県の花岡鉱山へつれて来られました。——花岡鉱山は——日本でも指折りの銅、鉛の鉱山です。戦争に使う銅・鉛を増産するように、政府から矢のようなさいそくをうけていたのでした。ここにはリュウさんのような中国人が、ぜんぶで1000人ほども働かされていました。——はげしい仕事。ひどいつかれと栄養不足で——骨と皮ばかりにやせ、けがをしても病気になっても、ろくに治療さえしてもらえませんでした。——「なまけている」と、日本人の監督にぼうやシャベルで殴られました。どれいとすこしもかわりませんでした。そんな毎日が、1年ちかくつづきました。

——このままでは、みんな死んでしまう。——

花岡鉱山ではたらかされている中国人は、みんなそう思いました。一日一日が、生きているぎりぎりのところでした。

——警察や鉱山がわは、中国人たちをどれいか馬のようにざんこくにあつかいましたが、町や村の人たちは、かならずしもそうではありませんでした。町の婦人たちは、中国人にこっそりジャガイモやおにぎりをあげました。——（略）」

授業後、子どもたちのノートに書かれた感想です。

〝日本はすごくひどいざんこくなことを平気でしていたのか〟

「戦争中、日本が中国や朝鮮の人たちをむりやり日本に連れてきて、炭こうなどの危ない仕事をさせていたのは知っていたけれど、そこでその人たちに対してどれいか牛馬のようにあつかい、何人もごうもんなどで殺していたということは初めて知った。日本はすごくひどいざんこくなことを平気でしていたのかとおどろいた。」（理香）

「修学旅行のときに広島へ行って、原爆資料館へ行って、ひどいことをするなあと思ったけど、日本も十分ひどいことをしてると思った。」（正志）

理香さんは、日本はすごくひどい残酷なことを平気でしていたのかとおどろき、正志さんは、原爆の悲惨さにひどいことをするとおもったが、「日本も十分ひどいことをしてると思った」と書きます。

「この時代は、自分の国さえ良ければいい、という考えを持っていたと思う。中国。朝鮮の人々は、どれいのようにされて、日本人はいばって、（中国朝鮮の人が）反抗するのは当たり前だと思う。日本人の人でも。中国の人にやさしくした人もいたのでほっとした。日本人全員がそんな考えだとざんこくすぎるからだ。――」（翔）

中国人に対する日本人のひどいやり方を、翔さんは同じ日本人として子ども心に胸の痛みを感じながら読んでいたのでしょう。「町や村の人たちは――」のくだりを読んで、あーよかったと「ほっとした」のです。

また、稔さんのノートには次のように書いてありました。

「――警察や鉱山がわは、中国人を奴隷や牛馬のようにあつかっていたが、婦人たちは、こっそりジャガイモやおにぎりをわたしてくれた。警察や鉱山がわみたいな日本人だけじゃないとわかってほしい。」（『学級文集・ぐんと』6年生・1992年）

稔さんは四十数年という時空を超えて、中国人の人たちに「わかってほしい」とうったえます。子どもたちのまっすぐな心が書かせる感想です。学ぶことで人間性を育てていく子どもたちの姿を見る思いがします。同じ日本人として、そんなひどいことをしてよいものか、と心に痛みや悲しみを感じる感性。そして「わかってほしい」と中国人の人々に話しかける率直さ。民族の枠を超えた人間尊重精神の萌芽です。新時代の創生を子どもたちに期待します。

従軍慰安婦問題が大きな問題になっています。あの15年戦争で、日本はアジア諸国民に何をしてきたのか、事実を明らかにして責任を追及する声が報じられています。事実と責任を正面から受け止めない日本政府は、この子どもたちの率直さに学ばなければなりません。戦争を知らない子どもたちが親になり、教師になりました。

（5）文学作品「一つの花」小学4年国語

『一つの花』（今西祐行作、ポプラ社刊）は1975年に発表されます。兵隊に取られていく父と残された母と幼子の悲しい別れを叙情性豊かに仕上げた佳品。父親は戦死し、母と子が残されます。現在、すべての教科書（4年国語）に掲載されています。

【作品概要】＝戦争が激しい時代。食料不足で、幼いゆみ子はいつもおなかをすかせていて、「一つだけちょうだい」が口癖です。そんなある日、体の弱いお父さんにも召集令状が来て出征する事に。クライマックスは出征の日の駅での悲しい別れです。駅のホームでお母さんに抱かれたゆみ子は、お母さんが持つ袋の中のおにぎりを「一つだけちょうだい……」と泣き止みません（もうすでに全部食べてしまったのですが）。お父さんは、おにぎりの代わりに、駅のホームの片隅に咲いていたコスモスをゆみ子に持たせます。キャッキャッと喜ぶゆみ子。お父さんはそれを見てにっこり笑うと、何も言わずに、汽車に乗って行ってしまいました。ゆみ子のにぎっている、一つの花を見つめながら。そして戦後、二人暮らしになったゆみ子と母。

駅のホームの別れの場面です。

お父さんはそれを見てにっこり笑うと、何も言わずに、汽車に乗って行ってしまいました。ゆみ子のにぎっている、一つの花を見つめながら――。

子どもたちは別れ行くお父さんの心の内に想像力を働かせて語ります。

「お父さんは何かしゃべったら、ますます別れがつらくなるから、あえてしゃべらずに、ゆみ子の笑ってる顔を見て、汽車に乗っていかはったと思う。」

「帰ってこれるだろうか。帰ってきたらうれしいとか、がんばって帰ってこようと思わはったんとちがう？　自分の代わりにこのコスモスを思ってほしいとか、がんばって戦争から帰ってこようとか、戦争に行って帰ってこれなかったら、これをお父さんのかわりと思ってとか、思わはったんとちがう？」

「もうあえないという気持ちがあって、悲しい気分で。でも戦争から帰ってきたいとか、生きようとか、戦争が終わってほしいとか、それまで待っていてほしいとか思って。」

はっとする印象的な発言がありました。

「そのコスモスはきれいに見えたと思うんや。」

思わず「えっ、どういうこと？　教えて。」と言うと、返って来たのは、

「戦争に行く悲しい日やからこそ、いつもふだんに見ているコスモスより、きれいに見えたと思う。」

悲しみが美を際立たせたとでもいうのでしょうか。子どものみずみずしい感性にはっとさせられます。

（学級文集「Window」）

2022年、村山士郎氏（大東文化大学名誉教授）が『一つの花』に一石を投じました。

侵略戦争、戦争加害の視点から著した『子どもたちが綴った戦争体験』（全5巻・2022年完結、新

日本出版社）執筆の過程で読んだ『一つの花』について、村山氏は次のような問題提起をします。

村山氏は、大学の教室でのエピソードを語ります。「―略―中国の留学生Rさんは、日本に留学すると祖母に伝えたとき、祖母は『あんな怖い日本にだけはいかないでほしい』と涙ながらにひきとめたという」。その祖母の言葉に「祖母が体験した侵略された国の人々のどれほどの悲劇の事実が込められていたことか。はっとさせられた。―略―日本の学校での平和教育では、Rさんの祖母が体験した『悲劇の事実』をどれほど日本の次の世代に語り継いできたのだろうか」と問いかけた上で、次のように言及します。

「学校の平和教育実践が大切にしてきた国語教科書にある『一つの花』（4年生）は、貴重な教材として多くのすぐれた実践がなされてきた。

『一つの花』の授業のクラスに中国の留学生Rさんがすわっていたらどうだろう。

中国人のRさんのいるクラスではお父さんが『どこに行って、何をしたのか』を読み飛ばすわけにはいかないのではないか。―略―戦中に書かれた子どもたちの作品を読んでいくと、教師の戦争教材に対する批判的読み直しが不可欠になっているのではないか。『一つの花』の授業では、ゆみ子のお父さんは、『どこに行って、何をしたんだろう』と直接問いかける必要はないだろう。生徒の方から自然に生まれる教室になったらいいと思う。ただ、教師の方では、『どこに行って、何をしたのか』という質問が出たときのため、教材研究をどのようにすすめてきたのだろうか。」

お父さんは「どこに行って、何をしたの」

（京都教育センター季刊誌『ひろば』２１１号、２０２２年８月）

刺激的な問いかけでした。

筆者は、「一つの花」をそのような視点を含んだ教材研究をしていませんでした。本稿を書くに及んで、かつて「一つの花」の感想文を載せていた学級文集を書棚から出して読み進めていきました。子どもたちはどんな感想を書いていたのか。文集には、「あのお父さんはどこに行って、何をしたのか」と問う感想はありませんでした。しかし悲しい別れという抒情に流されない子どもたちの鋭い問いかけや、リアルな生活感情が反映された感想を目にすることができました。

お父さんは汽車に乗って行ってしまいました。そして物語は10年後のゆみ子のくらしを次のように描いて終わります。

それから、十年の年月がすぎました。

ゆみ子は、お父さんの顔をおぼえていません。自分にお父さんがあったことも、あるいは知らないのかもしれません。

でも、今、ゆみ子のとんとんぶきの小さな家は、コスモスの花でいっぱい包まれています。

そこから、ミシンの音が、たえず速くなったり、おそくなったり、まるで何かお話をしているかのように、聞こえてきます。それは、あのお母さんでしょうか。—「母さん、お肉とお魚とどっちがいいの」—買い物かごをさげたゆみ子が、スキップをしながら、コスモスのトンネルをくぐって出てきました。そして、町の方へ行きました。

今日は日曜日、ゆみ子が小さなお母さんになって、お昼を作る日です。（完）

〝ぼくは思う。なぜ、だれが、戦争をやろうといったのだ。〟

＝まとめの感想文

●「——ゆみ子のお父さんは体が弱いのになぜ、兵士にとっていくのか。そこで強く強く思った。たぶん、兵士になっても、にげる人でもほとんどころされてる。ぼくのおじいちゃんは、その時、年よりで兵士にとられなかったとお父さんに聞いた。

ぼくは思う。なぜ、だれが、戦争をやろうといったのだ。（波線筆者）

ゆみこはかわいそう。なぜかというと、おとうさんにやってもらった高い高いも、お父さんにもらったコスモスの花のことも知らない。しかも、お父さんの顔もおぼえてない。めちゃくちゃかわいそう。——略」（弘）

●「ゆみ子はお父さんが戦争に行くというときに、『一つだけ、一つだけ』とないてしまった。お父さんをよびとめているみたいだ。ゆみ子がお父さんに『いかんといて（いかないで）』と言ってるみたいだ。ゆみ子がよびとめているみたい。でもゆみ子はないてる。

――略――お父さんは、ゆみ子のえがおが見れて、満足やから、何も言うことがなかったんやろなあ。お父さんはゆみ子が見えなくなっても、ずっと見てたやろな。

――お母さんとお父さんはいっしょのことを考えてたかもしれん。（なんで戦争なんかやるんやろ。ただ人が死んで、ただ家がやけて、食べ物もなくなる。どうして戦争をやるんだろう）と思っているやろう。

なんのために戦争なんかやるんかな。戦争なんてことをだれが考えたんやろう。べつに戦争なんかやらなくていいのに。（波線筆者）」（優）

●「――二人家族で生きていくために、ミシンをやって、お金をかせいで、ごはんをゆみ子にたべさすために、がんばって仕事をしているから、お昼ごはんにまにあわへん。（波線筆者）だから、ゆみ子にごはんつくってって言ってるかもしれない。だからゆみ子は町まで買い物に行って帰ってきて、お昼ごはんをつくるのかなあと思った。

お父さんがいたら、そんなことにならずに、まともにできているかもしれません。家だって、きれいな家かもしれません。だけど、ゆみ子の家にはお父さんがいないから、とんとんぶきの小さな家で、まずしいゆみ子とお母さんはいっしょにすんでいる。

いっしょうけんめい、ゆみ子もごはんをつくっているし、お母さんもミシンをやってお金をかせいでるから、たいへんやなあと思った。」（美恵）

作者・今西祐行には、戦後30年経過（『一つの花』は1975年刊）してなお、「なぜ、誰が、何のために戦争をやろうとしたのか」という戦争責任・加害、また侵略戦争にかり出されたお父さんという視点は希薄だったように思われます。

しかし、それでも、弘さんは「ぼくは思う。なぜ、だれが、戦争をやろうといったのだ」と鋭く問いかけ、優さんは（なんで戦争なんかやるんやろ。ただ人が死んで、ただ家がやけて、食べ物もなくなる。どうして戦争をやるんだろう）とゆみ子のお父さんもお母さんも思っているやろう（本文には書かれていない）と書きました。

また物語の結末の部分は、戦後のゆみ子とお母さんの生活を、父がいなくて貧しいけれど、明るく元気に生きていると読めます。そういう意図が働いているのです。

しかしその意図とは裏腹に、美恵さんは、「二人家族で生きていくために、ミシンをやって」「がんばって仕事をしているから、お昼ごはんにまにあわへん」と二人の厳しい生活を生活者の目線でリアルにとらえようとしています。

なぜ、だれが、何のために戦争をやろうとするのか、という根源的な問いかけや、母と子の戦後生活をリアルに見る子どもの目線は、作者・作品の世界観を超えていると言っても過言ではないでしょう。

（『一つの花』は1989年〈平成元年〉以降すべての小学校国語教科書に掲載。）

3　平和なくらしをこわした福島原発事故をわすれない

――ほうしゃのうがいちばんきらいです――

子どもたちの平和なくらしを壊した２０１１年の福島原発事故を忘れてはなりません。今もなお復興ままならず、心に傷を抱えて避難生活を余儀なくされている多くの人々や子どもたちがいます。なのに早々と電力会社・政府は原発再稼働、原発新設へ舵《かじ》を切ります。あのとき、子どもたちは何を願い、何を綴っていたのか、忘れてはならない子どもたちの声を聴いてください。

ひなんせいかつ――まえみたいに、じてんしゃのれんしゅうやなわとびをしたいです――

一年　みお

わたしは、じしんがきたときほいくえんでおひるねちゅうでした。すごくおおきなじしんで、そとににげました。ないているこがいて、わたしもとてもこわかったです。

つぎのひ、テレビでつなみでいえがながされているところをみました。わたしのいえは、うみからとおかったのでぶじでした。

十四かのよるに、となりのおばさんがきて、にげてくださいといっていました。おとうさんにきいたら、げんぱつからどくがでているときいて、あさ、ひなんしました。おともだちのかぞくといっしょに、いなわしろのたいいくかんにいきました。ふとんをしいて、たくさんのひとことねました。

いえに、かえりたかったけれど、がまんしました。

それから、とうきょうのおばさんのいえにひなんしました。どうぶつえんにいったりしてたのしかったけど、いえにかえりたかったです。

かしましょうがっこうがはじまって、一ねんせいになりました。ますくをしたり、そとであそべなくなりました。でも、しえんぶっしをもらったり、にがおえをかいてもらったり、うれしかったです。

はやくまえみたいに、じてんしゃのれんしゅうやなわとびをしたいです。


自転車の練習や縄跳び、そんなあたりまえの日常にわたしの幸せがあったのだと訴えています。壊したのは一体だれなのか。人災！　福島原発事故です。


ひなんしたこと――あいたくて、あいたくて、あいたくて、あいたかったです――

二年　葵
わたしはにほんまつにひなんしたとき、おたんじょうびをしてもらったことがうれしかったです。

わたしは、じしんがとてもこわくてないたけど、じしんはなれました。

お父さんがいなくて、おとうさんのことがしんぱいだったけど、でもでんわがきたので、でてみたらお父さんからのでんわでした。お父さんにはやくあいたかったです。でもでんわしているとき、なみだがすごくでてきてはやくお父さんにあいたくて、あいたくて、あいたくて、あいたかったです。

「あいたくて」を4回も重ねる葵さん。鉛筆の先から、あいたい気持ちがあふれ出します。避難生活はさびしく、辛い。

大じしんとほうしゃのう――ほうしゃのうがいちばんきらいです。――

一年　まさと

三月十一日しんさいがあった。ぼくはまだようちえんからかえるとちゅうでした。ようちえんバスでねてて、あたまがひじかけのところにあたりました。―略―

一ねんせいになったら、ともだちもふえました。

るいくんや、れんとくんや、はやてくんや、こうたくんや、こうすけくんや、たけるくんや、ゆいとくんや、はるとくんとあえました。

さいしょにたけるくんがてんこうしました。

つぎにゆいとくんがてんこうしました。

ほうしゃのうがいちばんきらいです。(波線筆者)

だって、ほうしゃのうで、ともだちがてんこうしたり、
そとであそべなくなったりしたからです。
うんどうかいはそとでやるはずだったのに、たいいくかんでやったからです。
ゆきがふっても、ゆきがたべられないからです。

「ほうしゃのうがいちばんきらいです」。原発事故を起こした者たちへのまさとくんのいかりと抗議のことばと受け止めたい。「ほうしゃのうがいちばんきらい」な訳は、「〜からです」「〜からです」ときっぱり言い切ります。政府・電力会社はそんな声に耳を傾けもせず、早々と原発再稼働へと舵を切り、さらに老朽原発再稼働と新たな原発建設をはかる。

（『福島子ども文詩集〜原発被災地の子どもたちの記録〜2013年7月11日発行』から）

地震や津波でこわかったこと—うそでも生きててほしいです—

5年　はやみ

ぼくは、地震や津波でこわかったことは三月十一日のM9・0の地震はゆれが大きくて上から電気が落ちてくるかもしれませんでした。となりの人が泣いたりしてとてもびっくりしました。津波ではしんせきがなくなったりしました。—（略）—三月十四日の朝に原発がばくはつしたと聞いてびっくりしました。もう外で遊べないのかなあと思いました。最初ににげたのは会津です。しんせ

きの家やアパートで一ヶ月住んだ後、お父さんの仕事でいわきへ行きました。いわきの小学校は錦小学校です。知らない人や先生でした。お母さんが原町に帰ると言ったとき、錦小学校の五年二組の人と別れるのが悲しいことでした。——（略）——しんせきがまだ見つからない。五人がいっしょに流されてしまいました。まだ見つからない。どうしたんだろう。分からない。そこのしんせきの家にいつも行っていた。四ヶ月たった今もまた自衛隊の人がさがしてくれている。ぜったい見つかってほしい。五人みつかってほしい。しんせきはいつもはやみにおかしやジュースやフルーツを、はやみの好きなおやつをくれた。うそでも生きてててほしいです。

（白木次男著『それでも私たちは教師だ』本の泉社、２０１２年）

悲痛！　親戚５人の顔が浮かんできます。まだ見つからない、どうしたんだろう。心が張り裂けそう。「うそでも生きてててほしいです」と綴ります。平和なくらしを一瞬にして壊した地震と大津波と福島原発事故を風化させまい、忘れまい。

4　ウクライナに平和を

——とどけ、ぼくたち、わたしたちの平和の声——

２０２２年２月、突然のロシアのウクライナ侵略。テレビで放映される破壊された町、傷つき死んだ大勢の人々や子どもたち、その生々しい映像を見る日本の子どもたち。
遠い異国の他所事ですまされない。とどけ、ぼくたち、わたしたちの平和の声。

●保育園から

「せんそうするの、カッコわるい」
「へいわが　カッコいい」

絵本『かわいそうなゾウ』を読んだ後で年長組が話しています。

（京都市　保育園、保育士のメモから）

「せんそうするの　カッコわるい。」（ここ）
「せんそういや。」（もも）
「へいわが　カッコいい。」（こと）
「ウクライナとロシアはどうしてやるん？（せんそうを）」（ひろ）
「したらアカンのを　わすれているんだ。」（るい）
「おしえてあげな。（教えてあげなくては）　したらアカンって。」（もも）
「いま　へいわ？（日本）」（まり）
「してないから　へいわ。」（ひろ）

「へいわが　いい。」（もも）

8月9日には「平和のつどい」。（『まちんと』紙芝居・うた『ぞうれっしゃよ走れ』）

●1年生の教室から

「せんそうは人がしんじゃうから　はやくおわってほしい」

今年（2022年）の漢字は戦でした（毎年、年末に清水寺の舞台で披露されます）。1年生の子どもたちに漢字の意味を説明し、戦について、何をどう思っているか書いてもらいました。クラスの5・4・1の割合で、ロシアがウクライナに仕掛けた戦争、自分が日々戦っていること、コロナとの戦いについて書いていました。

（京都市　星野由美子学級）。

○「ぼくはロシアのせんそうのたたかいが気になって、じぶんのおうちにカクミサイルにうたれたらこわいし　にげたいです。あとばくだんもおちてきたら　こわいです。」

○「ぼくはロシアのせんそうが気になります。じぶんに　ばくだんやみさいるがあたったら　しんじゃうかも　しれないから。せんそうはいみがない。人もころすから。せんそうは人がしんじゃうから　はやくおわってほしい。」

○「ウクライナのばくだんが　よるにおちてきたら　こわいとおもった。

はやくせんそうが　おわってほしいし　ばくだんも　なげてほしくないとおもいました。はやく
おわってほしいです。」

●3年生の教室から
「早く戦争が終わって、ロシアもウクライナも幸せな日を送って」

ロシアのミサイルがウクライナの集合住宅を破壊し、14歳の少女を含む数十人が死傷したというニュースが流れた日、2時間続きで予定していた書写が早く終わったので、ロシアのウクライナ侵攻について3年生に話してみることにしました。

NHKの解説委員の方やウクライナの研究者の方などが子ども向けの解説をインターネットにあげています。それも一部使いながら話しました。

まず、日本とロシアとウクライナの位置がわかる地図を見ました。ロシアとウクライナが地続きであることを子どもたちは理解しました。続いてNATOの加盟国がわかる地図をみせました。「軍事同盟」について簡単に説明し、ロシアはウクライナにNATOに入ってほしくないということも話しました。ロシアの大統領は、ウクライナにいる「ロシアと仲良くしたい人」がいじめられているから攻撃したと言っていることも話しました。

でも、世界の多くの国々は「ロシアが悪い」と言っていて、それは国連というロシアも入っているところの決まりに反しているからだということも話しました。

それでは、ロシアの国の中では、人々は「戦争反対」と言っていないのだろうか。と投げかけました。ロシアの国内世論は8割近くがウクライナ侵攻を支持していることを話すと、「えー」という反応。「どうしてだと思う?」と尋ねると、「プーチンにおどされている」という意見が数人から出ました。ロシア国内で、正しい情報が伝えられていないことを話しました。78年前までの日本も同じだったこともついでに付け加えて。

そのあと、ポーランドに避難している男の子のことを映像で見ました。言葉がわからないで苦労しています。さらに日本の石巻市に避難している女性のことをニュースで取り上げていたものを動画で見ました。「ウクライナに残してきた息子が心配だ」という字幕が出たので、男性は国外に出られないことも話しました。「国を守るための兵士だから」。

給食の時間が迫ってきたので、あわてて原稿用紙を配布して感想を書いてもらいました。

（京都市　得丸浩一学級の報告　2023年1月）

○「わたしは戦争をやめてほしいなーと思いました。なぜなら、ロシアは戦争をまだつづけているけど、ウクライナの人は家がつぶされていて、あまりおいしいごはんが食べられていないと思うからです。なんで大人の男の人はひなんしたらダメなのかなと思いました。かわいそうだなと思いました。ウクライナの人は、まだひなんできていない人がいっぱいいるけど、どうしてすごしているのかなと思いました。わたしは、戦争に反対して、国と国の戦争をやめてほしいです。」

○「わたしは、ウクライナのことがかわいそうだと思います。だって、なくなった人がたくさんいます。そして、なくなった人の家族、親せきがいます。そんなことい外にも、戦っている人、けがをした人、ばくげきを受けた人、家を失った人もたくさんいます。そんなことをしてはいけないという決まりもあるのに、ロシアはなぜ戦争をしたのか。それにも理由があるんだろうけど、それでもよくないことだと思います。一日でも早く、幸せなウクライナにもどってほしいです。」

○「わたしは、一年間も続く戦争が早く終わってほしいです。ロシアの人のグラフを見たとき、「さんせい」が多くて、「ふつう、反対じゃないの?」と思いました。ウクライナから外国や日本にひなんしてきているけど、男せいがダメだから、日本にそういうことがあったら、「お父さん、大じょうぶかな」と思うと思います。ロシアとウクライナの戦争で、ウクライナとかが暗い国になったり、いやな国になったりしてほしくないです。私の願いは、早く戦争が終わって、ロシアもウクライナも幸せな日を送って、楽しいことがあったりするように、幸せにしてほしいことです。」

●中1年（ウクライナにルーツをもつ）T君のスピーチ

「ウクライナの血を引く日本国民として
誇りを持ちながら生きてきた人間としてこの場に立っている」

——ロシアのウクライナ侵攻に抗議する集会にて——（2022・3・20　京都府・福知山地労協）

「僕は中学生で、日本とウクライナのハーフです。日本で生まれた13歳です。今ウクライナはとても悲惨な状況です。今まで日本で何も考えずに楽しい日々を生きてきましたが、自分の半分故郷のような場所が爆撃によってボロボロになっているのはとても信じられません。

今、僕が皆さんの前で話しているこの瞬間ですら、爆弾が落とされているのです。考えてみてください。シェルターの中で、とても危ない外のガンショップに行き銃を買いに行く家族を待つ生活を。そんな生活を僕は受け入れることはできないし、耐えることもできないと思います。ですが。今このような状況の人はたくさんいます。それは嘘でもデマでもなく真実です。

僕にとってウクライナは大切な場所でたくさんの思い出があるところです。家の近くにあった湖で楽しくピクニックをしたり、乗馬場で馬に乗り一日中遊んでいた日々が、今爆撃などによって簡単に壊されてしまっているのです。名前も知らない人たちとしたサッカー、そんな楽しい思い出が作られた場所が、今見るも無残な姿になっているのです。人々は逃げ去り、馬は食料がなくてやせ細って死んでしまっているのです。

そして、ウクライナとロシアの戦争が始まって真っ先に心配してくれた人がいます。その人は僕の同級生です。このようなニュースが飛び込んできた次の日に、「今ウクライナが大変な状況だけど大丈夫?」と声をかけてくれた人がたくさんいたことに僕は感動しました。平和主義を掲げている日本で13年間生きてきましたが、身近で戦争が起こったのは初めてのことで、とても驚き、不安な気持ちになりましたが、同級生が僕にかけてくれた言葉で、僕は落ち着きをとりもどすことができました。

ですが。完全に安心したわけではありません。それは僕だけでなく、世界中の人が不安な気持になっています。ウクライナに住んでいる人が完全に安心するためには世界中が協力しなければなりません。僕みたいなただの人間が話すこのスピーチを聞いて。考えが変わったりする人は少ないかもしれませんが、思いを喋れる人の環境があること自体が僕は素晴らしいと思います。

今私たちができることはとても少ないです。言葉だけで戦争をなくすことはできません。ですが、どんな人にも知ること、現状を理解すること、祈ることはできます。何も変わっていないように見えても、大きく進歩することができているのです。今この場に立っている人は自分の知らないことや興味のある事に思い切って行動できる人たちです。今この場に立っていることを誇りに思い、記憶の片隅にでも今のウクライナの現状と、なぜこうなったのかを入れて行って欲しいです。いってしまえば、僕はウクライナの歴史にはあまり詳しくありません。ですが、ウクライナの血を引く日本国民として誇りを持ちながら生きてきた人間としてこの場に立っていることを誇りに思います。

ご静聴本当にありがとうございました。」

（京都教育センター・季刊誌『ひろば』211号　2022年8月、所収）

5　おわりに――僕も、戦争に行くのだー

〝ぼくも、わたしも、平和な社会で生きたい〟と世界中の子どもたちはだれもが願っています。ウク

ライナの子どもたちにとっては、目の前に繰り広げられる惨劇を前にして、生きるか死ぬか、家族は無事か、迫りくる現実です。

そんな情勢の下、日本政府はどうか。「せんそうするの、カッコわるい。へいわが　カッコいい」「はやく戦争というものをこの地球上からなくしてほしい」という、子どもたちの平和の願いとは全く逆の道を進もうとしています。

戦前児童文学の大家小川未明の作品「僕も、戦争にいくのだ」（1937年）に、主人公の勇ちゃんの知り合いのおじさんが出征する場面があります。

――町の中を、たくさんの人々がぞろぞろとつづいて、出征軍人を見送るのであります。…（略）…天に代わりて不義を討つ　忠勇無双のわが兵は　歓呼の声に送られて　今ぞ出で立つ父母の国　勝たずば生きて還らじと……

と、声張り上げて、一せいにうたって行くのであります。／「おじさんはどこかしらん」／と、勇ちゃんは、送られて行く人を見ようとしましたが、人々にまぎれて、どれであるかよくわかりませんでした。なぜなら、勇ましい姿の人達が、並んでいたからです。この時、自分の立っている路地に集まって見送っていた人々が、列が近づくと、不意に、／「万歳」／と、手を上げて叫んだので、勇ちゃんも、片手で自転車を握り、片手を高く上げて、いっしょに、／「万歳」を叫びました。

勇ちゃんは、青空を見て、何かしらん、大きな力に感激しました。足先から、髪の毛の先まで、ぞくぞくとして、じっとしてはいられませんでした。そして／「僕も、戦争に行くのだ」と叫ぶと、人の通らない、さびしい路の方へ、自転車をめちゃくちゃに走らせたのであります。（文中波線・筆者）──部分の子どもの感性に訴える描写はかなりの力の入れようですし、本人もこの作品を気にいっていたようです。未明は同年勃発の日華事変を国家の一大事ととらえ、以後国策に呼応して児童文学作家の先頭に立って旗を振り、戦争に行くんだと子ども心を扇動します。

また、1940年紀元二千六百年の奉祝行事は、神としての天皇の祖先を賛美するものでしたが、その記念文集の中にその時の天候について書いた3年生の男子の作文があります。──その晩、ラジオの子供新聞で一ばん終わりに、「こんな二日ともよい天気でしたのは天地の神々様が、奉祝紀元二千六百年のことがおわかりになってお助けなされたのでございましょう。」と、放送局のおばさんは放送していました。僕も「ほんとうにそうだ。」と思いました。──この放送局のおばさんは、だれあろう、NHK朝ドラ「花子とアン」のモデルの童話作家で翻訳家の村岡花子でした。

（参考・山中恒『戦時児童文学論』大月書店）

戦前の子どもたちは、学校では、天皇のためお国のために命を捧げることが最高の美徳（道徳）だと教えられ、児童文学作家たちからは、そうだよ、大きくなったら兵隊さんになって、天皇のためにお国のために戦うんだよ、それがとても素晴らしいことなんだよと優しい口調で囁《ささや》かれました。自分らしく生きることが大事だなんて全く教えられずに。

2015年文科省は道徳を「特別の教科」として位置づけました。道徳教育を推進せよと号令をかけ、道徳教材「私たちの道徳」を全国の小・中学生に配布しました。権力側が言い出す「道徳」は、何事にも素直で従順で批判精神を持たない、権力に都合のよい道徳です。

戦前のような露骨な軍国調ではなく、美しい富士山を背景に〝この国を背負って立つのは私たち〟（「私たちの道徳」高学年版）と書き込み、ソフトに巧妙に、「僕も　戦争に行くんだ」と言う子どもを作ろうとしています。

2022年12月、政府は敵基地攻撃能力保有などを認める安保3文書を閣議決定しました。大軍拡、戦争する国づくりの道を進もうとしています。

子どもが危ない、

子どもらに平和を！

終　章　戦争はやめて！
――私たちの平和宣言（案）

村山士郎

1 「人を殺す」ことを教えた学校

侵略戦争であった日本のアジア・太平洋戦争を指導した天皇制と軍部は、子どもたちを最後の最後まで戦争に駆り立てていきました。日本の学校では、最後の最後まで戦争に勝つための訓練が行われていたのです。

一九四五年　六月一七日
五年　女子
今日は全校運動会があった。いつもとちがって敵がもしも私たちの疎開している富山へ上陸して来たら、私達がやっつける訓練だ。はじめにかけ足で運動場をひとまわりした。こんどはお友だちを背負ってかけ足だ。私は野村さんにおぶさった。鉄棒の前に行くと、岩丸先生が「こうたい」とおっしゃった。私が野村さんをおぶって走った。朝礼台の前で足ぶみをして皆の来るのを待った。それから、阿久澤先生に手榴弾の投げ方をおならいした。ボールを敵の頭だと思って小さいマリを投げるのだ。ねらいを定めて「えいっ」とばかりになげるのだが、なかなか当たらない。ピーとこうたいの笛が鳴った。私達は阿久澤先生に礼をして、八鍬先生の所へ行った。木刀をさかさまに持って、左かまえや右かまえをお習いした。次は石田先生の体あたり攻撃だ。私たちはみんなはだかになった。一番終りは嘉門先生のなぐりころしたり、けりころしたりするおけいこだ。嘉門先生は「ほら、まだ前に五人いる。よし死んだ。こんどは後だ。」などとおっしゃって、とても面白かった。お昼に、大豆のいったのが出た。とてもおいしかった。

（小川剛監修学童疎開記録保存グループ編著『疎開の子ども６００日の記録』径書房、１９９４年）

疎開した学校の運動会で、手榴弾の投げ方、「なぐりころしたり、けりころしたりするおけいこ」を教師から教わったのです。生徒はその殺す訓練をした後の感想として、「とても面白かった」と書いています。

ある小学校での校長先生の檄が残されています。

「一人でも、何事をするにも少しのゆだんがあってはなりません。座して死せんよりは進んで生きんとする覚悟をもたねばなりません。

一児一童といえども（略）陛下の赤子であり兵たいであります。お父さんお母さんも、先生も皆兵たいさんであります。銃をとる第一線の兵たいさんのみ兵たいさんではありません。

学校も家庭も社会もこれ皆戦場であります。それで私共も皆さんも、毎日、決戦という心がけを持って生活し、各々戦争に勝ちぬく事を実際行い、靖国の英霊に感謝し皇国将兵の武運長久を祈り、大東亜戦争完遂を祈願して、聖慮を安んじ奉らなければなりません。」

こうして学校では、子どもたちに「陛下の赤子であり兵たいであります」と勝利への忠誠を誓わせました。

2 日本の敗戦と新憲法

45年3月には東京が大空襲にあいました。死者9万5996人、被害家屋は76万戸、の被害を受けたのです。沖縄では、アジア・太平洋戦争で国内最大の地上戦を展開、一般県民を巻き込んだ戦闘が繰り広げられ、軍民あわせて20万余の命が失われました。

そして、45年8月6日に広島へ、9日に長崎に原爆が投下されたのです。

げんしばくだん

広島県　小3　さかもとはつみ

げんしばくだんがおちると
ひるがよるになって
人はおばけになる

（日本作文の会編『せんそう』岩崎書店、1991年）

やけあとで

広島県　小6　水川スミエ

目の見えなくなった母親が、
死んでいるこどもをだいて、
見えない目に、
一ぱい涙をためて泣いていた。

（大東文化大学・村山士郎ゼミ編著『子どもの野性と生活実感』ノエル・2005年）

おさないころ、
母に手をひかれてみたこの光景が、
あのときのおそろしさとともに、
頭からはなれない。

広島と長崎への原爆投下による「原爆死没者名簿」に記載されている死亡者の人数は、広島32万8929名、長崎18万9163名、合計51万8092人（2021年8月時点）となり、今も増え続けています。

１９４５年8月15日、日本の天皇制軍国主義国家は、連合国が無条件降伏をせまった「ポツダム宣言」を受諾して連合国に降伏し敗戦しました。15年にわたるアジア・太平洋戦争は日本人の軍人軍属などの戦死２３０万人、民間人の国外での死亡30万人、国内での空襲や原爆等による死者50万人以上、合計３１０万人以上の多大な犠牲をもたらしました。

日本の引き起こした戦争は、日本だけが被害を受けたのではありません。日本が行った加害としての戦争の側面を忘れてはいけません。

日本の行った侵略戦争は、アジア・太平洋各国で２０００万人以上の死者をふくむ史上最大の惨害をもたらした。各国政府の公式発表によれば、中国１０００万人以上、ベトナム２００万人、インドネシア４００万人、フィリピン１１１万人、インド１５０万人（ベンガル飢餓死者のみの推計）、朝鮮20万人、台湾3万人、とされています。この数字には、南京事件に代表されるように日本軍のアジアの住民に対する多くの虐殺も含まれています。戦争は、貴重な人命だけでなく、さらに住宅・道路など人々の生活基盤、貴重な文化遺跡、自然環境などに甚大な被害を与えたのです。

私が小学校に入ったのは１９５１年ですが、クラスには数人のお父さんのいない友だちがいました。生まれる前に軍に招集され、帰らなかったお父さんの顔も知らない友だちもいました。

日本は、自らが引き起こした戦争を反省し、日本国憲法を制定し、新たな出発を決意しました。日本国憲法の九条は次のように規定しています。

第九条

1　日本国民は、正義と秩序を基調とする国際平和を誠実に希求し、国権の発動たる戦争と、武力による威嚇《いかく》又は武力の行使は、国際紛争を解決する手段としては、永久にこれを放棄する。

2　前項の目的を達するため、陸海空軍その他の戦力は、これを保持しない。国の交戦権は、これを認めない。

作家井上ひさしは、憲法九条の理念と精神を「もう二度と戦《いくさ》はしない」とし、次のように語っています。

私たちは
どんなもめごとが起こっても
これまでのように、軍隊や武器の力で
かたづけてしまうやり方は選ばない

殺したり殺されたりするのは
人間らしい生き方だとは考えられないからだ
（略）
そのために、私たちは戦をする力を
持たないことにする

また、国が戦うことができるという立場も――みとめないことにした
（井上ひさし『子どもに伝える日本国憲法』講談社）

3 それでも世界で戦争はやまない

第二次世界大戦は、世界中で甚大な被害をもたらしました。被害の大きかった国をあげてみると、ソ連邦では、軍人・民間人あわせて２０００万人以上、ドイツ６８５万人、ポーランドは６１２万（うち民間人が６００万人）が犠牲になったとされています。第二次世界大戦の軍人・民間人の被害者総計は、５０００万人〜８０００万人とされているのです。莫大な人の命がうばわれたのです。

しかし、その後も、世界で戦争はやんでいません。

表は、第二次世界大戦後の主な戦争や地域紛争です。

日本の子どもたちも、世界で起こる戦争を見つめ続けてきました。

（表）第二次世界大戦後の主な戦争の歴史

1948年〜73年	中東戦争（イスラエル・アラブ戦争）第1次から第4次
1950年	朝鮮戦争
1960年〜75年	ベトナム戦争
1979年〜89年	ソビエト連邦のアフガニスタン侵攻
1980年〜88年	イラン・イラク戦争
1990年〜91年	湾岸戦争
2001年〜11年	アメリカのアフガニスタン侵攻
2003年〜11年	イラク戦争
2011年〜	シリア内戦
2022年〜	ロシアのウクライナ侵攻

1960年〜75年　ベトナム戦争が続きました（解説）。

テレビを見て
群馬県　小四　秋場由彦

ほくが、ねどこからはいだして
テレビを見ると、
アメリカ人が
ベトナム人をころそうとした。
ベトナム人は手をあげた。
それを見つけたべつのへいたいが
ライフルでうちころした。
ベトナムでは
なんでせんそうをしているんだろう。
ぼくは、ふとんの中にもぐりこんだ。

（大東文化大学・村山士郎ゼミナール編著『子どもの生活世界と高度成長期』ノエル、2006年）

（解説）ベトナム戦争
ベトナムは、1887年からフランスの植民地となっていた。
第二次世界大戦中、フランス領インドシナ（現在のベトナム、カンボジア、ラオス）には、日本軍が進駐した。45年8月、日本は敗戦し、ベトナムではホー・チ・ミンが独立宣言をおこない、「ベトナム民主共和国」が誕生した。
しかし、フランスが再びベトナム南部に傀《かい》儡《らい》政権を成立させた。そして、フランス軍と北ベトナムが争う第一次インドシナ戦争がおこった。8年間にわたるこの戦争は大量の犠牲者を出し、1954年にフランス軍の敗北で終わった。そして、北緯17度線を停戦ラインとして一時的にベトナムを南北に分けたままにした。
ところが、南ベトナムではゴ・ディン・ジエムという人物がアメリカの支援を受け、自手を上げているベトナム人をライフルで撃ち殺すシーンは世界中に配信されました。そのシーンを世界中の何百万、何千万の子どもたちが見ていました。「ふとんのなかにもぐりこんだ」少年の心にはどのような感情がのこったのでしょう。

毎日、テレビで放映されるウクライナ戦争は、日本や世界の子どもたちに「負の感情」を植えつけているのです。

ベトナムの戦争

広島県　小学六年　鷲矢麗子

テレビのニュースでみたベトナムの戦争は
いかにも　ざんこくだった。
ころされる人たち。
地面に顔をつけて
にげまくる人たち。

らが大統領となって南ベトナムを「ベトナム共和国」という国にした。そして北ベトナム（ベトナム民主共和国）と南ベトナム（ベトナム共和国）は対立し戦争になっていった。

61年には当時アメリカ大統領だったジョン・F・ケネディが、ベトナム共和国に援軍を派遣。本格的な戦争に発展した。

アメリカ軍は、上空から「枯葉剤」と呼ばれる毒性の強いダイオキシンなどを大量に散布するなど、非人道的な攻撃を行った。

68年に北ベトナム軍による一斉攻撃（テト攻勢）でアメリカ軍が大打撃を被ると、同年中に北への空爆全面停止を宣言。73年1月に和平のためのパリ協定が調印されてアメリカ軍が撤退し、75年4月、南ベトナム政府は無条件降伏した。

およそ20年に及んだ戦争は、北ベトナムが南を併合する形で終結した。北ベトナム側の推定戦死者数は117万7千人、南ベトナム側は28万5千人。そして南北合わせた民間人の死者数は458万人以上にのぼった。
終戦から40年以上経つ現在でも、世代をまたいで奇形の子どもが誕生する報告もされており、枯葉剤の影響はまだまだ続いている。
（ブリタニカ国際大百科事典ほか参照）

からだじゅう、やけただれて
にげまわっている子どもたち。
かわいそうに思うものこそ人間で
思わないものこそ、あくまだ。
人をころしておいて
自分だけ　いきのこって
何がうれしいのだ。
ねこでさえ、あんなざんこくなことはしない。
人間なら話し合うということが
できるではないか。
ばくだんをつくって
たくさんもっている国がかって
ばくだんを持たない国がまける。
ばくだんは国をまもり
戦争は国をまもり
人間をころしていく。
こんなことがあっても
いいのだろうか。

（1960年代、日本作文の会編『子どもたちの日本国憲法Ⅰ』新読書社、2003年）

逃げ惑う子どもたちを殺していく戦争を見て、「ねこでさえ、あんなざんこくなことはしない」「人間なら話し合うことができるではないか」と書いています。

作者の鷲矢さんは、ばくだんを「もっている国がかって、ばくだんを持たない国がまける」「戦争は国をまもり　人間をころしていく」と戦争の本質をみぬき、告発しています。

ウクライナ戦争では、戦禍がはげしく長期化していますが、「一度戦争を中断して話し合おう」という提案は出てきません。出てくるのは「さらなる武器援助」の話だけです。

日本の子どもたちは、世界で起こる戦争を見つめ続け、平和への声をあげてきました。過去の戦争を反省した憲法九条をしっかり受け継ぐ決意を書いている中学生もいます。

戦争放棄

静岡県　中学三年　堀井　茂

憲法第九条には
「戦争放棄　軍備は持たない」とあるが
現在の日本は
自衛隊という軍隊を持っている
何億円というジェット機を買い入れたり
すごい演習をやったり
軍事力を成長させているではないか

その何億円というお金を
国民のために使ったらどんなにいいだろうか
僕の近所の高校生は今年卒業なので
自衛官が毎日のように来て
入隊を勧めている
聞くところによると
自衛隊の志願者の数が少ないらしい

人類はどうなるだろうか
水素爆弾も使われるだろうか
僕は戦争なんて絶対反対だ

日本が自衛力を増して行って
もし戦争が起こったら

（1965年、前掲『子どもたちの日本国憲法Ⅰ』）

「日本が自衛力を増して行って　もし戦争が起こったら　人類はどうなるだろうか」という純粋な問いの中に含まれた戦争への危機意識は、2023年につながっています。2023年、日本政府は敵基地攻撃能力を保持することを世界に公言し、防衛費を1・5倍に増強しようとしています。憲法の原則が空洞化されようとしているのです。

堀井さんの危惧は現実のものとなって進行しています。こうしたなかで、ほぼ60年前に書かれた堀井さんの「その何億円というお金を　国民のために使ったらどんなにいいだろうか」という願いが新鮮に響いてきます。

4　和平を求める声を大きく

ウクライナ戦争はいまだに終結するきざしはみえません。

ロシアは、ウクライナの軍事施設だけでなく、市民の生活インフラの破壊を目的とした非人道的攻撃を繰り返しています。国内の戦争反対派を容赦なく弾圧しています。アメリカを中心とするNATO諸国は、戦争の終結に向かう戦闘の中断・和平提案を進めるのではなく、ますます膨大な武器援助をおこなって戦争を進めようとしています。アメリカやヨーロッパ諸国では、武器援助を積極的に行わない国は「悪」であるかのようにみられています。

双方とも相手を武器で打ちのめすことで戦争は終結すると考えているようです。双方から和平への動きは見えません。

しかし、戦闘がはげしくなればなるほど、その被害を受けるのは、ウクライナ市民であり、戦闘にかり出されているロシアとウクライナの戦闘要員であり、そして、子どもたちです。

ウクライナ戦争に出口が見えないなか。次の中学生の作品を読んでみましょう。

もっと平和について勉強したい

長崎県　中三　松原　京子

私たちは五月に「予言」という平和ビデオを見ました。このようなビデオはいままでに何本となく見てきましたが、見るたびに戦争への恐怖、被爆した方々の苦しみ、平和の尊さを改めて考えさせられます。

四十数年前の世界の人々が何を求めて戦争を行なったかはよく知りません。しかし、戦争のために、いまも、これからも苦しんでいく人々が世界中に何百万人といるのだと思うと、胸のなかがたとえようのない悲しさでいっぱいになります。

いまの日本は経済大国と言われ、物質の面では豊富すぎるほどです。しかしその日本も四十数年前は戦争のために、飢え苦しみ、空襲などの恐怖をあじわったのです。生活も苦しくなり、子供たちは、戦争に勝つための教育をうけていました。当時は、戦争に反対すれば、即、非国民としてあつかわれるほど、時代は、戦争という暗く悲しい色でぬりかためられていました。だれもが、〝日本は、戦争に勝つ〟と信じこまされていましたが、八月六日に広島、九日に長崎とそれぞれ原爆をうけ十五日に敗戦で終戦をむかえました。

私は、ときどき思うのですが、日本人は自分たちが戦争の一番の被害者だと思ってないだろうかということです。たしかに、日本だけが二度にもわたる原爆をうけましたし、そのためにおおくの罪のない人が死にました。しかし、日本人も南京大虐殺でおおくの中国の人々を殺し、たくさんの朝鮮人を日本に連れてきては、悪条件のなかでの重労働をさせてきました。日本人は、原爆に匹敵するほどの恐怖を他の国の人々にあじわわせてきたのです。戦争にたいする恐怖、被害はどの国もうけているのです。決して日本だけではないのです。戦争は全世界に恐怖と莫大な被害を与えたのです。

それから、四十数年後の現在、世界は、日本は、ある程度平和になりました。個人個人にいくつかの自由も確保されていますし、仲間にもかこまれ、毎日が平穏に過ぎてゆきます。しかし、その半面、私たちは、平和という言葉にたよりすぎ、戦争から目をそむけていると思います。戦争という事実を直視しているのは、被爆者とあとほんの一握りの人々たちだけです。（略）

私たちは、ケロイドなどの写真や映像を見ると、つい目をそらしがちですが、目をそらしてはいけないのです。それらは、人間が犯した戦争という罪の結果なのです。四十数年前に現実にあった事実なのです。私たちは、その事実をうけとめ、その過ちを悔い改めなければならないのです。

しかし、私たちは平和や戦争にたいし、とても消極的だと思います。毎年八月に行われる平和祈念式典に参加しない人もいますし、被爆者の人の講演を聞くことさえも、めんどうだと思っている人がすくなくとも何人かはいます。私自身も消極的です。いままでに何度か平和に対する作文を書いてきましたが、どれもその場かぎりのような気がします。平和にたいし、もっと真剣に接しなければと思いますが、思うだけで積極的に行動にだす勇気がありません。このような悩みは、おそらくほかの人も持っているのではないかと思います。この悩みを解決しなければ、平和は、私たちにとっていつまでも遠い存在であると思います。

先生方は私たちに、〝被爆地、長崎に生まれたのなら、もっと平和を考えろ〟といいます。けれど、私はたんに、被爆地、長崎に生まれたから平和を考えるのではなく、一人の人間として、命あるものとして平和を願い、訴えたいと思います。

しかし、こんな心をよそに、世界は核兵器をつくり、日本も自衛隊を持ち、防衛費は年々増加するばかりです。長崎の平和宣言にも書いてあるように、平和は決して武装で守ったり、武力で勝ちとるものではありません。真の平和は、世界の人々が、命あるものが、たがいに手を取りあい助けあって初めて生まれるものなのです。世界の平和が実現すれば、いま、世界がかかえている飢餓、難民、差別などの問題もいままでより、ずっと楽にかんたんに解決できるのではないかと思います。

昨日や今日が平和であっても、明日や明後日は平和ではないかもしれません。もしかしたら、一年後には核戦争がはじまっているかもしれません。それほどいまの世界は、いつ核戦争がおこってもおかしくない状態にあるのです。核兵器を保有している国もおおくありますし、日本も表面にださないだけで核兵器を保有する力があるかもしれないのです。世界の大多数の人々が平和を願い訴えていつも、一部の人々が核兵器をつくっているのです。そして、全世界を戦争という方向に進めつつあるのです。それを見ながら、なにもできない自分がとてもはがゆく思えます。

私は、もっと平和について勉強したいと思っています。そのために、私は、平和研究というクラブにはいりました。これから、一年間、このクラブで自分なりに平和を考え、追求したいと思います。いままでなにもしなかった分、もっと積極的に勉強し、行動をおこしたいと思います。全世界の人々が、心から平和を感じられる日を実現するために、この場を、私の平和への出発点にしたいと思います。

（日本作文の会編『せんそう』岩崎書店、１９９１年）

中学3年の長崎の少女は、「みなさんは、戦争の悲惨さを忘れてはいませんか?」と問うています。

他者を追及するのではなく、「私自身も消極的です」という自己の反省を込めて問いかけているのです。

筆者が注目しているのは、松原さんが「自分たちが戦争の一番の被害者だと思ってないだろうか」と問うて、次のように書いていることです。

「たしかに、日本だけが二度にもわたる原爆をうけましたし、そのためにおおくの罪のない人が死にました。しかし、日本人も南京大虐殺でおおくの中国の人々を殺し、たくさんの朝鮮人を日本に連れてきては、悪条件のなかでの重労働をさせてきました。日本人は、原爆に匹敵するほどの恐怖を他国の人々にあじわわせてきたのです。」

作者は日本の戦争反省・平和運動のなかから抜け落ちてしまいがちな被害中心の戦争認識への批判意識をしっかり持っています。それは、Ⅱ章で紹介した武藤学級や平井さんの授業でのウクライナ戦争に日本の侵略戦争を重ねてとらえる見方に通じているのです。そして「昨日や今日が平和であっても、明日や明後日は平和ではないかもしれません」と問いかけ、「いままで何もしなかった分、もっと積極的に勉強し、行動をおこしたい」と決意しています。

日本は、かつて、今のロシアと同じように、他国を侵略する戦争を行った歴史に鋭い目を向けて、純粋な平和を求める子どもたちの声にどう応えていくか、私たち大人が問われているのでしょう。

松原さんは、世界で戦争が起きているのに、「それを見ながら、なにもできない自分がとてもはがゆく思えます」と書き、次のように決意を述べています。

「私は、もっと平和について勉強したいと思っています。そのために、私は、平和研究というクラブにはいりました。これから、一年間、このクラブで自分なりに平和を考え、追求したいと思います。いままでなにもしなかった分、もっと積極的に勉強し、行動をおこしたいと思います」

「平和を勉強する」ことから、「行動をおこしたい」と宣言しています。


「大人たちが戦争はやめよう」ということに消極的だから子どもたちが「世界の平和のために行動をおこす」ことを訴えているのです。

世界では地球環境の危機に子どもたちが声を上げています。

スウェーデンの環境活動家グレタ・エルンマン・トゥーンベリさん（２００3年生まれ）は、２０１8年15歳の時に、「気候のための学校ストライキ」を呼びかけ、より強い気候変動対策をスウェーデン議会にうったえました。その呼びかけに賛同する学生たちも、グレタさんが呼びかけた抗議活動に参加しはじめました。彼らは一緒に「未来のための金曜日（Friday for Future）」の名前で気候変動学校スト運動を組織していったのです。

グレタさんが２０１８年の国連気候変動枠組条約締約国会議（ＣＯＰ24）で演説した後、学生ストライキは毎週世界のどこかで行われるようになっています。15歳のひとりの少女のよびかけが国連の場での発言になったことは画期的なことでした。そして、２０１９年には、１００万人以上の学生が参加する運動に発展していったのです。

グレタさんの訴えに呼応し、世界中の子どもたちが地球環境の危機に立ち上がり、大人たちに訴えています。

5 日本の高校生たちのウクライナ戦争反対の行動

戦争こそ地球環境の危機の最大の要因です。ウクライナ戦争での核兵器の使用が語られています。この邪悪な戦争を世界の大人たちが止められないでいるのです。そして大量の武器を投入し続けています。

日本の子どもたちは戦争反対の声を上げ行動をはじめています。高校生たちの平和ゼミナール活動は地道に続けられてきました。

ウクライナ戦争が始まると、各地で高校生たちのウクライナ戦争反対の声があがったのです。

2022年3月9日、愛知県の安城学園高校の生徒会は、「あらゆる戦争に反対する決議」をあげています。そこには「誰かの犠牲の上に、平和な未来をつくることはできません」「ひまわりが一面に咲くウクライナでたくさんの人々の笑顔が再びあふれることを望みます」という平和への願いが込められていました（四方さつき　22年3月10日）。

高校生たちの平和運動を進めている八つの団体は、22年3月「抗議声明」を出しています。

ロシアのウクライナ侵攻への抗議声明

私たち高校生は、ロシア連邦政府によるウクライナへの軍事侵攻と核兵器使用の威嚇に抗議し、ただちに平和的解決がされるよう世界各国が最大の努力をすることを求めます。

これまで高校生平和ゼミナールは、被爆地広島・長崎、地上戦のあった沖縄をはじめ、日本各地の戦争の歴史について平和学習活動を続けてきました。被爆者の体験も数多く聴き、核による被害は一度ではなく将来後世にまで及ぶことを学びました。

今回の国連憲章と国際法に違反したロシアの侵攻は、平和な世界を希求し活動している私たちにとって許せるものではありません。

核兵器禁止条約が発効し、今、私たちは「日本政府に核兵器禁止条約の署名・批准を求める高校生署名」にも取り組んでいます。ロシアが核兵器で威嚇している行為は、核戦争を防ぎ、軍拡競争を避けようとする世界の動きに反する行為です。万一、核兵器が使用されれば、広島・長崎とは比べものにならない犠牲を生むことになり、絶対に回避されなければいけません。

戦争は人々の命と暮らし・若者の未来を奪い、対立や憎しみを生み、文化や環境を破壊し、民主主義を支える基盤を奪う最大の暴力であり人権侵害です。

私たちが求めているのは、戦争も核兵器もない世界です。私たちは、世界で唯一の戦争被爆国であり平和憲法を持つ国の未来を担う主権者として、平和を求める世界中の人々と連帯し、「戦争反対」を強く訴えます。

２０２２年3月2日

愛知県高校生平和ゼミナール　エバーグリーン静岡

沖縄高校生平和ゼミナール　岐阜県高校生平和ゼミナール

埼玉高校生平和サークル Peace Wing　東京高校生平和ゼミナール

幡多高校生ゼミナール　広島高校生平和ゼミナール

「声明」は、「ロシアの侵攻は、平和な世界を希求し活動している私たちにとって許せるものではありません。」とのべ、「戦争は人々の命と暮らし・若者の未来を奪い、対立や憎しみを生み、文化や環境を破壊し、民主主義を支える基盤を奪う最大の暴力であり人権侵害です」とロシアの戦争行為を批判しています。

3月21日には、東京の平和ゼミの高校生を中心に、戦争の中止を求める抗議署名をロシア大使館に提出しています。

こうした高校生たちのウクライナ戦争反対、平和ゼミの活動は、ほんの一部の高校生たちではないかという論評があるかもしれません。確かに少数かもしれません。しかし、こうした戦争反対の声に日本の大人たちはどんな支援をおくってきたのでしょうか。政府は、ウクライナにアメリカやNATOが大量の武器をおくることで戦争を終わらせられると考えているのでしょうか。マスコミも毎日のように日本の軍事評論家の戦争分析には大きなスペースを割きますが、高校生たちの平和を求める声や運動をどれほど積極的に報道してきたのでしょうか。ウクライナ戦争をただちに停戦し、和平交渉に入る道をさぐることにどれほど時間とスペースを取ったのでしょうか。

国連が採択した「子どもの権利条約」は、世界の劣悪な環境におかれた子どもたちに「特別な保護」を与えるとともに、子どもの「最善の利益」を守る人権を保障すべきであることを宣言しています。

わが国では、12条の意見表明権が注目を受けました。12条は、「子どもがその子どもに影響を及ぼすすべての事項について自由に自己の意見を表明する権利」を保有していることを認めています。続けて、13条では「表現の自由についての権利」を保障しています。この権利保障の延長線で、日本ではあまり脚光をあびていない15条では、「結社の自由及び平和的な集会の自由」の権利をも保障しています。私は、この「結社の自由及び平和的な集会の自由」に注目しています。

平井敦子さんは、実践の中で、「国家及び社会の担い手として、現代社会に見られる課題の解決を視野に主体的に社会に関わろう」とすることを何度も強調していました。そこでは、学習したことを意見として表明するだけでなく、大使館に向けた行動となっていました。

中学生の松原京子さんは、先に紹介した作文で、「平和にたいし、もっと真剣に接しなければと思いますが、思うだけで積極的に行動にだす勇気がありません。このような悩みは、おそらくほかの人も持っているのではないかと思います。この悩みを解決しなければ、平和は、私たちにとっていつまでも遠い存在であると思います。」と述べています。平和問題に対して「積極的に行動にだす勇気」が不足していることを反省していました。ここでも、行動することが課題になっています。

日本の高校生の平和ゼミナールは、ウクライナ戦争に抗議して行動をおこしはじめているのです。そこでは、気候問題でのグレタさんの世界での活動から勇気とはげましを受け止めているのでしょう。子どもたちが平和問題を学習し、ウクライナ戦争反対、核兵器禁止条約の早期批准、日本の平和憲法を守る行動に動き出しているのです。

「戦争は人々の命と暮らし・若者の未来を奪い、対立や憎しみを生み、文化や環境を破壊し、民主主義を支える基盤を奪う最大の暴力であり人権侵害です。」（「ロシアによるウクライナ侵攻への抗議声明」より）

ロシアがしかけたウクライナ戦争の終結は見えていません。ロシアの侵略を糾弾し、戦争の停止を求めていかなければなりません。同時に、アメリカやＮＡＴＯの世界戦略が世界の平和の守り手であるかは歴史的な検討が必要でしょう。それは、核兵器禁止条約を、NATO加盟国で批准した国は、存在しないことを見ても明らかです。

私たちは、若者と子どもたちの反戦・平和の叫びと運動に期待しています。そのために、本書にあつめた子どもたちと若者たちのつぶやきや表現から、『戦争はやめて！――私たちの平和宣言（案）』をつくってみました。この発言（案）と行動に私たち大人もはげまされ、共に運動を進められる時代がそこまで来ているのです。

戦争はやめて！――私たちの平和宣言（案）

「せんそう」とは、

・人がたくさんしんでしまうということ。
・家が焼け、食べるものもなくなること。
・たくさんのお父さんがいなくなること。
・本当のことが言えなくし、口を奪ってしまうこと。

からだじゅう、やけただれて　にげまわっている子どもたち。

かわいそうに思うものこそ人間で　思わないものこそ、あくまだ。

人には「生きる権利」があります。
私たちにとって平和とは、
・お母さんやお父さんや家族がそばにいてくれること
・いじめられているとき、助けてくれる人がいること
・心がしみとおるような気持ちのいい青空があること

戦争では、戦争をのぞんでいない人が戦場に行って、
戦争を選んだ人は行かないのがひどいと思います。

日本人は自分たちが戦争の一番の被害者だと思っていないでしょうか。
しかし、日本人は、原爆に匹敵するほどの恐怖を
他の国の人々にあじわわせてきたのです。

私たちは平和や戦争にたいし、とても消極的だと思います。
ただ見ているだけの人にはなりたくない

いままでなにもしなかった分、もっと積極的に勉強し、行動をおこしたいと思います。
平和は決して武装で守ったり、武力で勝ちとるものではありません。
真の平和は、世界の人々が、命あるものが、
たがいに手を取りあい助けあって初めて生まれるものなのです。
私たちが求めているのは、戦争も核兵器もない平和な世界です。

あとがき

ロシアがしかけたウクライナ戦争は、平和を希求する世界の人々に対する挑戦である。本書は、子どもたちの詩や作文などの表現物をとおして、ウクライナ戦争の理不尽さを子どもたちがどう見ているか、平和を願う子どもたちの声を伝えたいと願っている。そして、この戦争をかつて日本が引き起こしたアジア・太平洋戦争とのつながりで認識して欲しいと願っている。さらに、今日の日本が「敵基地攻撃能力」を保有する軍事大国になろうとしている現実を直視して欲しいと願っている。そして、そのことをなによりも日本の子どもたちに伝えたい。

戦争や軍事問題の専門家でない私たちは、力不足からウクライナ戦争に潜むいくつかの重要な問題に論究・解明できていないかもしれない。にもかかわらず、本書の企画編集に取り組んだのは、日本の子どもたちがウクライナ戦争について多くの疑問を持ち、「戦争はやめて！」と表現し始めていることにある。

日本の子どもたちが戦争について自分の考えを表現し始めたのは、今に始まったことではではない。アジア・太平洋戦争のさなかには、日本の勝利をねがったたくさんの詩や作文を書いていた。それらは、好戦的なものだけでなく、父や兄弟の死をいたみ、戦争のかなしみを書きつづったものもすくなくなかった。敗戦後も、次々と起こる世界の戦争や紛争をも見続け、日本の平和が脅かされそうな事実にも批判的な目を向けてきた。そして、平和の大切さの意味を発展進化させてきた。

ウクライナ戦争がはじまり、ウクライナの人々・子どもたちの命があやぶまれ、悲惨な生活が報道されると、子どもたちは鉛筆をもち、平和を願って書き綴りはじめた。その表現物が雑誌、学級通信、文集などに掲載されていった。ウクライナ戦争反対の声を、日本のロシア大使館に送った子どもたちも現れた。さらに、反戦平和の運動は、高校生たちにひろがりつつある。そこには先生方の良心的な取り組みがあった。ウクライナ戦争反対の動きは、私たち大人の政治の問題であると同時に、子どもたちにどのようなモラルを育てていくかという新たな教育実践的課題を提起している。

ウクライナ戦争でアメリカやNATO諸国、そして、日本政府は、平和の守り手のようにたち振舞っているが、はたしてそうだろうか。たとえば、人類の平和にとって最大の脅威である核兵器を全面的に禁止しようとする核兵器禁止条約（2017年国連で発効、21年批准。現在68カ国が批准。日本でも652自治体で日本政府が批准することを要請）への態度をみるかぎり、アメリカ、NATO諸国、日本は、条約に参加せず、否定的態度をとり続けている。それを見る限り、はたして平和の守り手だろうかという疑問を抱かざるを得ない。

本書は、金田一清子、西條昭男、村山士郎の3人の協力によってつくられた。

金田一、西條は、教師として長く在職していた時期から平和教育実践に取り組んできた。その仕事の中から、子どもたちが書きつづってきた平和のねうちを語っていただいた。そこでは、「子どもたちの生活にとって平和とは何か」がしなやかにとらえ返されている。

村山は、ウクライナ戦争の中の子どもたちの現実を追いかけるとともに、今日の戦争を子どもたちとどう学ぶかを探った。とりわけ、武藤あゆみさんと平井敦子さんの実践には、ウクライナ戦争と日本が行ったアジア・太平洋戦争をどう結びつけて学ぶかという、鋭い今日的な実践的提起がなされており、私自身多くのことを学ばされた。記して感謝しておきたい。

本書の最後には、日本の子どもたちの平和を願う作品とともに、高校生たちの戦争反対の活動を紹介させていただいた。それは、日本の戦争に反対し平和を追求するこれからの運動は、子ども・青年たちの肩にかかっていると考えているからである。その意味で、子ども・青年たちの平和への願いを集約した『戦争はやめて！――私たちの平和宣言（案）』をさらに豊かにし、広げていきたいと願っている。

最後に、出版状況が困難ななか、私たちの希望をうけとめて、出版にこぎつけていただいた新日本出版社編集部に感謝申し上げたい。

2023年5月26日

村山　士郎

村山士郎（むらやま・しろう）

1944年山形県生まれ。大東文化大学名誉教授。元日本作文の会常任委員会委員長、元教育科学委員会常任委員。近著に『豊かなことば育ちが心と学力の基礎』『子育ては世直し』『村山俊太郎 教育思想の形成と実践』『村山士郎教育論集Ⅰ～Ⅵ』（以上本の泉社）、『いじめのきもち』（童心社）、『子どもたちが綴った戦争体験　全5巻』『子どもたちを再び戦場に送るな』『いじめで遊ぶ子どもたち』（以上新日本出版社）など。

金田一清子（きんだいち・きよこ）

群馬県生まれ。元東京都公立小学校教諭。37年間の勤務後も、嘱託·再任用で仕事を続ける。東京の民主教育をすすめる教育研究所（東京民研）副議長。日本生活教育連盟、日本作文の会会員。著書に『子どもの笑顔にあいたくて』（新日本出版社）。

西條昭男（さいじょう・あきお）

1944年京都生まれ。37年間、京都市で小学校教師を務める。京都子どもを守る会副会長。元京都綴方の会会長、元日本作文の会常任委員。著書に『子どもが伸びるとき』（駒草出版）、『どの子も見える魔法のめがね』（清風堂書店出版部）、『そんなに「よい子」でなくていいから～この国の子ども・教育論』（文理閣）、『心ってこんなに動くんだ』（新日本出版社）。

戦争《せんそう》はすべてを奪《うば》っていく——ウクライナ戦争《せんそう》と子《こ》どもたちの平和《へいわ》

2023年6月30日　初　版

編著者　村山士郎
金田一清子
西條昭男
発行者　角田真己

郵便番号　151-0051　東京都渋谷区千駄ヶ谷4-25-6
発行所　株式会社　新日本出版社
電話　03（3423）8402（営業）
03（3423）9323（編集）
info@shinnihon-net.co.jp
www.shinnihon-net.co.jp
振替番号　00130-0-13681
印刷・製本　光陽メディア

落丁・乱丁がありましたらおとりかえいたします。

ISBN978-4-406-06754-6 C0037　Printed in Japan